Shobana R. Vinay

Yoga für Kinder

100 ÜBUNGEN

anschaulich erklärt und illustriert

3-12 JAHRE

ert von Oreli Gouel

Aus dem Französischen von Marion Herbert

ANACONDA

Inhalt

Meditation und Entspannung

Entspannung

Meditation

Atmung

Lockerung

Mudras

Yoga

Stehende Positionen

Sitzende Positionen

Liegende Positionen

Weitere Positionen

Yoga-Spiele

Einleitung

Yoga ist eine uralte Lehre. Mithilfe von einfachen oder komplexen Übungen und einer bewussten Atmung erhält es die Gelenkigkeit des Körpers, löst mentale und physische Spannungen und schenkt neue Energie. Als die alten Yogis vor Jahrtausenden die Asanas (Körperstellungen) entwickelten, lebten sie in engem Kontakt mit der Natur und ließen sich von Tieren und Pflanzen inspirieren (z.B. von der Anmut eines Schwans oder der Standhaftigkeit eines Baums). Die meisten Kinder imitieren auch gern das, was sie sehen, und werden sich Ihnen sicher schnell anschließen, wenn sie Sie regelmäßig Yoga praktizieren sehen.

Wenn Kinder früh mit Yoga beginnen, ermöglicht ihnen das einen guten Start ins Leben und bringt ihnen viele Vorteile. Körperlich verbessert Yoga die Gelenkigkeit, die Kraft und die Koordination von Körper und Geist, und das Selbstbewusstsein der Kinder wird gestärkt. Es schult ihre Konzentrations-, Beruhigungs- und Entspannungsfähigkeiten. Kinder sind so gelenkig und verfügen über einen derart guten Gleichgewichtssinn, dass ihnen die einzelnen Positionen oft viel leichter fallen als Erwachsenen. Viele von ihnen sind experimentierfreudig und brauchen zum Üben nur ein bisschen Ermutigung!

Im Alltag sind Kinder oft fern von der Natur und durch ein Leben voller Aktivitäten und Herausforderungen unterschiedlichen Arten von Stress ausgesetzt: Sie wachsen in einer modernen Welt auf, die von Schnelligkeit, Konkurrenzdruck, den Medien und neuen Technologien geprägt ist. Ihr Gehirn wird dabei unablässig von diversen Sinnesreizen beansprucht und muss eine große Menge an Informationen verarbeiten, ohne ausreichend zur Ruhe zu kommen.

Das richtige Atmen und die bewusste Aufmerksamkeit bei den Meditationsübungen gehören schon für die Jüngsten zu den besten Möglichkeiten, den Geist ausruhen zu lassen, wobei gleichzeitig kognitive Fähigkeiten entwickelt werden.

Ein Kind kann meist nicht lange bei einer Sache bleiben. Die Meditation steigert zusammen mit Mudras die Konzentrationsfähigkeit. Mudras sind einfache, spielerisch auszuführende Gesten, eine Art Mini-Yoga für die Hände.

Bei den Übungen geht es darum, auf einen bestimmten Punkt der Hand oder der Finger zu drücken, um die fünf Elemente im Körper zu regulieren. Die Mudras helfen Ihrem Kind dabei, schnell wieder Ruhe und Selbstsicherheit zu finden. Jede Mudra hat eine bestimmte Funktion und eine eigene Heilwirkung. In Schulen, in denen auch Meditation auf dem Stundenplan steht, haben Lehrerinnen und Lehrer eine deutliche Verbesserung bei den Leistungen und dem Umgang der Kinder und Jugendlichen untereinander festgestellt.

Aufbau einer Yoga-Einheit

Um den Körper einzustimmen, beginnen Sie zum Beispiel mit einer Lockerungsübung und fahren dann mit einer Atemübung (mit oder ohne Meditation, mit oder ohne Mudra) fort. Schließen Sie daran eine Abfolge mehrerer Yoga-Positionen an.

Sie können die Einheit mit Yoga-Spielen ergänzen, wenn das Kind Spaß daran hat, und mit der Entspannungsübung für den ganzen Körper abschließen (S. 14).

Jede Übung hat zahlreiche wohltuende Wirkungen, die sich in zwei Kategorien einteilen lassen: zum einen die Verbesserung des mentalen und psycho-emotionalen Zustands und zum anderen der Nutzen für den physio-motorischen Bereich. Stellen Sie Ihre persönliche Einheit nach den jeweiligen Wirkungen der Übungen sowie den Bedürfnissen und Wünschen Ihres Kindes zusammen:

Positive Wirkung auf den Geist

Bei Stress, um wieder zur Ruhe zu kommen:
alle Meditationspositionen, das Krokodil, das Kind, der liegende Held, der liegende Schmetterling.

Für Konzentration und Gleichgewicht:
der Baum, der Berg, der Krieger III, der Drachen, das gedrehte Dreieck, der Kopfstand.

Um das Gedächtnis zu verbessern und Angst oder Schwindel zu vertreiben:
alle Übungen mit dem Kopf nach unten, der Kopfstand und der halbe Kopfstand, der herabschauende Hund, die Vorbeuge aus dem Stand mit gegrätschten Beinen, Gehirn-Yoga.

Positive Wirkung auf den Körper

Alle einfachen Positionen können auch von den Jüngsten ausgeführt werden. Mit den mittleren und fortgeschrittenen Übungen kann ein Kind ab 5 Jahren anfangen. Bei den fortgeschrittenen Asanas (wie Kopfstand, Rad, Kamel) muss jedoch unbedingt ein Erwachsener dabei sein.

Sie können mehrere Figuren nacheinander üben – schlagen Sie Ihrem Kind ruhig vor, verschiedene Varianten auszuprobieren. Nach einer Vorwärts-, Rückwärts- oder seitlichen Beuge können Sie zusammen die Stellung

des Pendels einnehmen; nach einer Vorwärtsbeuge das Dreieck, den Bogen, die Kobra, die Schildkröte, den Mond, den Pflug ...
Als Drehhaltungen eignen sich der Drehsitz, der Fisch und das gedrehte Dreieck.

Für die Gelenkigkeit der Hüften:
Taube, gestreckter seitlicher Winkel, Girlande, Seitenlage mit gehobenem Bein, Krieger I, II und III ...

Zur Stärkung der Beine, Knöchel und Füße:
Stuhl, Stern, Krieger I, II und III, Baum, Drachen, Dreieck, Vorbeuge aus dem Stand mit gegrätschten Beinen ...

Zur Kräftigung der Arme, Schultern, Handgelenke und Hände:
schiefe Ebene, Brett, Tisch, Stock, Rad, herabschauender Hund ...

Zur Unterstützung des Verdauungssystems und der Bauchmuskeln:
Fersensitz, Bogen, Kind, Heuschrecke, umgedrehtes Boot ...

Lustige und spielerische Übungen:
Katze und Kuh (begleitet von Miauen und Muhen), Löwe (Brüllen), Kobra (Zischen), Pfeil und Bogen (mit dem Fuß am Ohr wie ein Telefon), Frosch (mit Sprüngen), Schiefe Ebene und Brett (man lässt einen Ball über den Körper rollen), Drachen (man imitiert den Flug), Stuhl (man hüpft wie ein Känguru), Tiger, herabschauender Hund, Tisch ...

Sie finden alle Übungen im alphabetischen Verzeichnis auf der hinteren Klappe des Buchs.

Meditation und Entspannung

Um zu meditieren und in einen vollkommen entspannten Zustand zu kommen, muss man sich konzentrieren und achtsam atmen können. Die ersten Übungen in diesem Buch sind Meditationen mithilfe von Berührungen, denn Konzentration ist für Kinder nur ein abstrakter Begriff. Auf diese Weise fällt ihnen das Meditieren leichter und sie können sich dabei entspannen.

Durch die Meditation lernt Ihr Kind auch die richtige Atemtechnik. Damit es bei den Übungen aufmerksam bleibt, können Sie die Positionen wie hier im Buch auf spielerische Art erklären. Sie erinnern oft an Tiere und an die Natur, damit auch die Jüngsten etwas damit anfangen können.

Die Lockerungsübungen bereiten den Körper auf die Yoga-Stellungen vor. Mit einfachen Positionen können Sie die Muskeln und Gelenke von Hals, Armen, Beinen und Knien aktivieren.

Die Mudras (Sanskrit für »Siegel«) verbinden die Konzentration mit der Atmung und sind eine Art Yoga mit den Händen. Sie bringen den Körper, der wie das Universum aus fünf Elementen besteht, ins Gleichgewicht. Jeder Finger ist dabei mit einem Element verbunden: Der Daumen steht für das Feuer, der Zeigefinger für die Luft, der Mittelfinger für den Raum, der Ringfinger für die Erde und der kleine Finger für das Wasser. Durch die Stimulation der Reflexzonen ist auch jeder Bereich der Handfläche und der Finger mit einem Körperteil oder einem Organ verbunden und interagiert mit ihm.

Übungen

Entspannung

1 DER KOPF

Diese Reise über das Gesicht kann Ihrem Kind ein Gefühl von Entspannung und Beruhigung schenken und aufgestaute Energien lösen. Durch die Berührung visualisiert das Kind jeden Teil des Gesichts, über den der Finger streicht.

1. Laden Sie Ihr Kind ein, sich vorzustellen, sein Kopf wäre ein Berg. Die Reise beginnt nun auf dem Gipfel und endet unten im Tal.
2. Legen Sie Ihre Finger auf den Scheitel, die Bergspitze.
3. Dann streichen Sie zur Stirn hinunter und über ihre ganze Fläche. Malen Sie aus, dass sie ein Bergsee ist.
4. Ziehen Sie nun beide Augenbrauen nach und beschreiben Sie sie als Nadelwälder.
5. Umkreisen Sie auch beide Augen und erklären Sie, dass sie zwei leichte Erhebungen sind. Seit dem Morgen haben sie schon viel geleistet.
6. Vergessen Sie die Ohren nicht. Sie sind zwei Felsen, die heute viel zugehört haben und sich jetzt ausruhen dürfen.
7. Kehren Sie zu den Wangen zurück und beschreiben Sie sie als zwei Berghänge, die sich jetzt von aller Anstrengung entspannen können.
8. Fahren Sie dann mit der Nase fort, dieser Bergspitze, die unser Leben lang funktioniert und jetzt eine Pause verdient hat.
9. Streichen Sie schließlich hinunter zu den Lippen. Der Mund ist eine Schlucht, die viel gesprochen hat und sich nun ausruhen darf. Beenden Sie die Reise mit dem Kinn, der letzten Erhebung, bevor es steil ins Tal hinuntergeht. Der ganze Berg, das ganze Gesicht, hat sich jetzt gut erholt.

Bei den Übungen 1 bis 5 geht es darum, Ihrem Kind durch einfache Berührungen, die sich als sehr wohltuend erweisen können, zu helfen, wieder Verbindung zum eigenen Körper aufzunehmen. Sie können die Übungen zu jeder beliebigen Tageszeit an einem ruhigen Ort durchführen. Das Kind liegt mit geschlossenen Augen auf dem Rücken auf einer Matte oder dem Bett, die Arme ruhen neben dem Körper. Der Erwachsene sitzt daneben und spricht mit ruhiger Stimme, während er langsam mit den Fingern nacheinander über alle Körperteile streicht und sie auf fantasievolle Weise beschreibt. So kann sich das Kind im Lauf der Geschichte jeweils auf einen Körperteil konzentrieren.

2 VOM HALS ZU DEN HÜFTEN

Bei dieser Übung geht es um den oberen Teil des Körpers. Der Oberkörper mit den Armen, den Atem- und Verdauungsorganen wird durch das Wachstum des Kindes stark beansprucht und kann sich dabei entspannen, um zur Ruhe zu kommen.

1. Bitten Sie Ihr Kind sich vorzustellen, sein Hals wäre eine Brücke, die den Berg mit der Ebene verbindet. Legen Sie die Finger an das tiefe Tal seines Kinns und streichen Sie langsam nach unten zur großen Brücke. Sie ist sehr wichtig, weil sie den Berg (den Kopf) mit der Ebene (dem Körper) verbindet, indem sie den Kopf mit dem restlichen Körper sprechen lässt.

2. Machen Sie eine Kurve zu den Schultern, die die Arme den ganzen Tag lang bewegt haben, und folgen Sie dann den Armen. Sie sind wie lange Felsen, die vom Kontinent ins unbekannte Meer hineinragen.

3. An den Fingerspitzen angekommen, streichen Sie die Arme langsam wieder hinauf bis zu den Schultern und kehren Sie zur großen Ebene des Oberkörpers zurück – einer wogenden, lebendigen und pochenden Ebene, denn das Herz der Erde und des Körpers schlägt in ihr.

4. Lassen Sie Ihr Kind mit der Atmung und dem Herzschlag die Lebenskraft spüren, indem Sie langsam mit den Fingern über den Oberkörper streichen. Die Reise geht weiter zum unteren Teil der Ebene, der wie die Erdoberfläche in Bewegung ist und sich im Atemrhythmus hebt und senkt. Aber unter dieser Ebene befindet sich eine Fabrik, die den Körper am Leben hält.

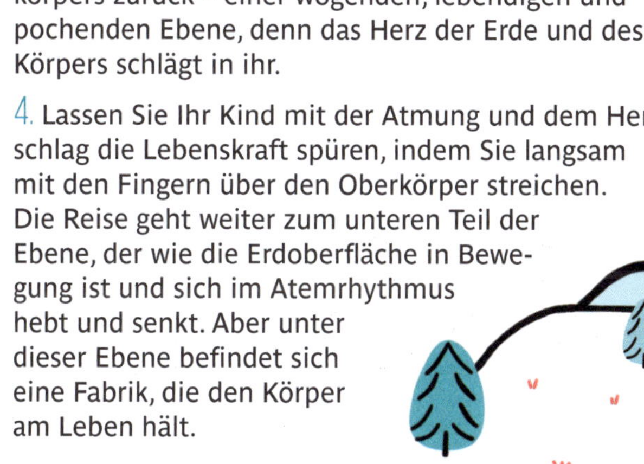

5. Streichen Sie über den Bauch Ihres Kindes und erklären Sie ihm, dass dort die Nahrungsmittel verdaut werden, die der ganze Körper zum Leben braucht.

6. Biegen Sie nach rechts und links zu den Hüften ab, die dafür sorgen, dass die Beine mehr als die Hälfte des Körpergewichts tragen können. Haben sie es nicht auch verdient, sich auszuruhen?

3 VON DEN HÜFTEN ZU DEN ZEHEN

Der untere Teil des Körpers trägt das Gewicht des Kindes und ermöglicht ihm, sich den ganzen Tag fortzubewegen; die Muskeln dort sind stark gefordert. Deshalb muss sich natürlich auch der untere Teil des Körpers entspannen.

1. Legen Sie die Finger auf den Bauch Ihres Kindes, die Ebene, und streichen Sie dann zu den Hüften, die den Oberkörper den ganzen Tag lang getragen haben. Sagen Sie dem Kind, dass seine Hüften sich ausruhen und entspannen können.
2. Gehen Sie nun weiter zu den Flüssen der Beine, die beim Gehen, Rennen und Springen im Einsatz waren. Haben sie sich die Entspannung nicht verdient?
3. Auf halber Strecke treffen Sie auf einen Strudel: das Knie, das sich unermüdlich gestreckt und gebeugt hat. Die Finger umkreisen die Kniescheibe.
4. Sobald sich die Knie gut erholt haben, widmen Sie sich der zweiten Hälfte des Flusses.
5. Streichen Sie über den Wasserfall, der durch die Vertiefung unter dem Knie entsteht, und folgen Sie dann den Stromschnellen entlang der Schienbeine. Sie müssen müde sein vom Gehen, Rennen und Springen.
6. Am Ende des Flusses erreichen Sie einen kleinen Teich in der Vertiefung am Knöchel. Der Knöchel, der oft in Schuhen eingezwängt ist, darf sich jetzt ausruhen und entspannen.
7. Erklimmen Sie nun die beiden spitzen Felsen, die Füße, die tagsüber den ganzen Körper tragen und sich endlich entspannen und ausruhen können.
8. Begeben Sie sich an die Rückseite der Felsen, die Fußsohlen. Streichen Sie auch über die Vorder- und Rückseiten aller Zehen und enden Sie mit dem großen Zeh, der Felsspitze.

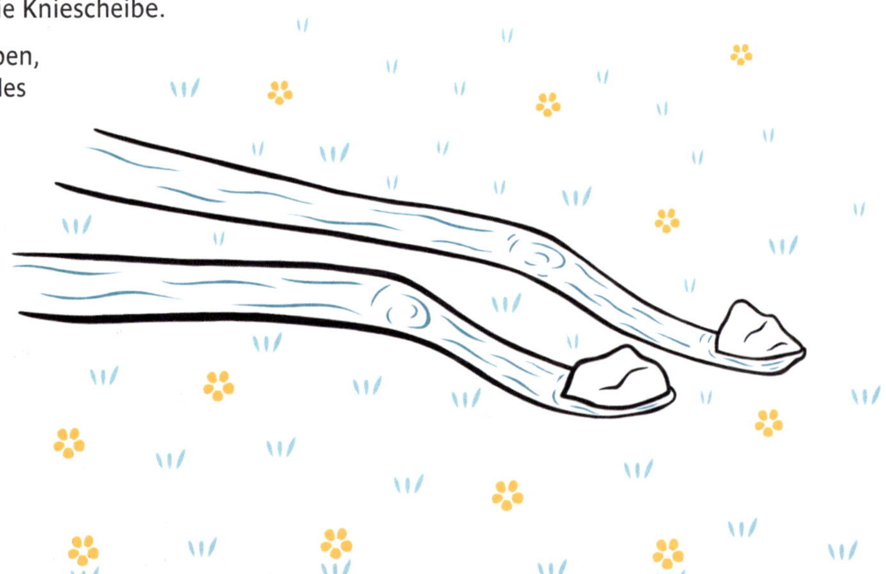

4 DER RÜCKEN UND DIE WIRBELSÄULE

Die Körperrückseite stabilisiert vor allem das Sitzen und Stehen. Die Wirbelsäule trägt zur Gelenkigkeit des Kindes bei. Rücken und Wirbelsäule sind in der Schule und beim Spielen stark gefordert – wenn Sie sich darauf konzentrieren, während Ihr Kind vor Ihnen liegt, können sich die Muskeln erholen und Spannungen abgebaut werden.

1. Bei dieser Übung liegt das Kind auf dem Bauch. Beginnen Sie mit Ihrer Massage beim Berg des Kopfes und gleiten Sie den Abhang hinunter, den der Hals bildet. Er hat den Kopf tagsüber getragen und muss sich ebenso wie der Kopf ausruhen. Erforschen Sie daraufhin die große, weite Wüstenebene des Rückens, auf deren Mittellinie eine perfekte Reihe von Steinen liegt. Das sind die Wirbel der Wirbelsäule.

2. Berühren Sie sanft jeden einzelnen mit dem Finger, um Ihr Kind die Wirbelsäule spüren zu lassen, die das Stehen und Sitzen ermöglicht hat und jetzt ihre verdiente Ruhe genießt.

3. Setzen Sie die Reise achtsam bis zum unteren Ende der Wirbelsäule und des Rückens fort und legen Sie Ihre Hand auf das Delta der stark beanspruchten Lendenwirbelsäule.

4. Diesem Delta entspringen zwei Flüsse, denen Sie langsam die Schenkel entlang folgen.

5. In der Vertiefung am Knie angekommen, kreisen Sie ein paar Mal, damit sich dieser oft angespannte Bereich gut ausruhen kann.

6. Setzen Sie die Reise in Richtung der Fersen fort, die das ganze Gewicht des Körpers getragen haben. Schenken Sie ihnen viel Aufmerksamkeit, damit sie sich so gut wie möglich entspannen können.

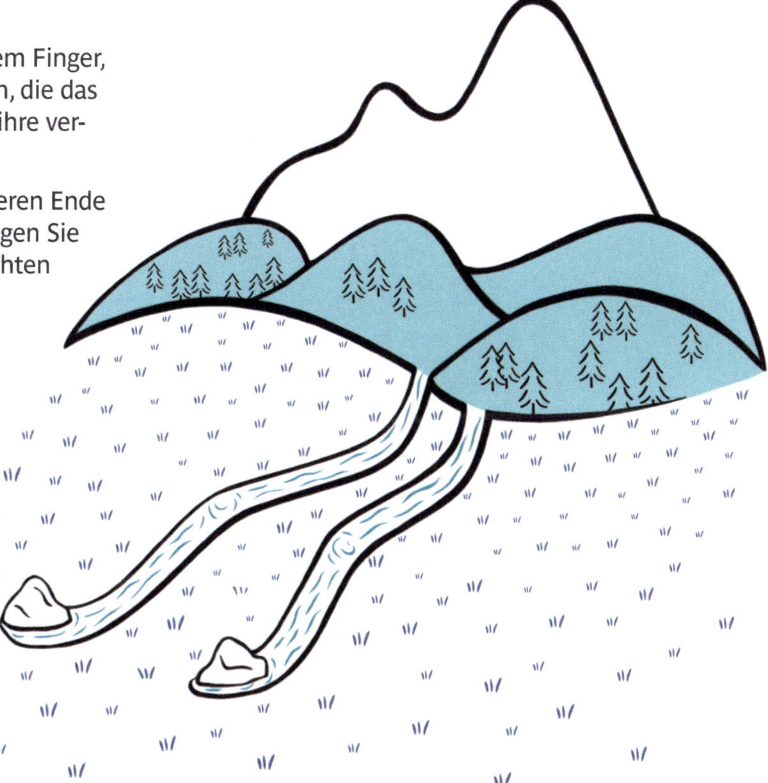

Entspannung

5 DER GANZE KÖRPER

Savasana

Diese Übung ist eine Zusammenfassung der vier vorigen, um eine gewisse Routine in den Bewegungen und Massagegriffen zu bekommen, die bei jeder Meditationsübung für den Körper hilfreich sind. Die Entspannung durch die Berührung erzeugt bei Kindern einen Zustand des Wohlbefindens, der Ruhe und der Konzentration. Sie baut muskulären und mentalen Stress ab, verbessert die Fähigkeit zuzuhören und stärkt das Selbstvertrauen.

1. Beginnen Sie mit dem Kopf Ihres Kindes. Streichen Sie mit einem Finger über das ganze Gesicht: über die Augen, die Nase, den Mund und die Ohren. Erklären Sie jeweils ihre Funktion und sagen Sie Ihrem Kind, dass sie sich ausruhen dürfen. Das Gesicht hat vieles gesehen, gehört und gesprochen und verdient es, sich zu entspannen.

2. Die Reise geht weiter über die Brust, die Schultern, die Arme, die Hände und die Finger. All diese Körperteile haben sich bewegt und verdienen nun Ruhe. Der Oberkörper war an der Atmung, am Herzschlag und an der Verdauung beteiligt, und die Arme haben den ganzen Tag lang gearbeitet. Jetzt ruhen sie sich aus und entspannen sich.

3. Streichen Sie über die Arme wieder nach oben und dann über die Brust und den Bauch zu den Hüften. Beschreiben Sie dabei die lebenswichtige Funktion des Herzens. Von den Hüften streichen Sie hinunter zu den Schenkeln, den Knien, den Füßen und den Zehen. Die untere Körperhälfte dient hauptsächlich der Bewegung, die Muskeln mussten viel leisten und dürfen sich jetzt entspannen. Erklären Sie Ihrem Kind, wie sehr sich sein Körper jeden Tag anstrengt, und betonen Sie, wie wichtig Ruhe ist.

4. Fordern Sie das Kind auf, sich auf den Bauch zu drehen, und gleiten Sie mit einem Finger über seinen Rücken. Damit unterstreichen Sie die Bedeutung von Wirbelsäule, Gesäß, Beinen und Füßen, die praktisch an allen Bewegungen beteiligt sind. Der Rücken und die gesamte Körperrückseite werden oft vergessen und müssen sich entspannen, denn ihnen verdanken wir, dass wir aufrecht stehen. Die Reise endet mit der wichtigen Funktion der Füße und der Fersen, die das gesamte Körpergewicht tragen.

5. Das ist der Abschluss dieser schönen Meditationsreise über den menschlichen Körper. Ihr Kind kann nach wohlverdienter Entspannung wieder mit voller Energie durchstarten.

6 BEINE AN DER WAND *Viparita karani*

einfach

Diese Position bringt Ihrem Kind Erholung und Wohlbefinden, indem der Blutkreislauf in den Beinen umkehrt und der Blutstrom zum Oberkörper hin erleichtert wird.

Bei den Meditationshaltungen (Übungen 6 bis 11) muss sich das Kind wohlfühlen. Nehmen Sie bei Bedarf eine Matte oder eine Decke zu Hilfe. Machen Sie sie wie alle folgenden Übungen gemeinsam mit Ihrem Kind. Achten Sie darauf, dass seine Wirbelsäule und der untere Rücken ganz gerade sind, damit es lange sitzen kann. Das Kind kann sich auch an eine Wand setzen, um den Rücken gerade zu halten. Fordern Sie es auf, die Schultern, den Hals und den Kiefer locker zu lassen und ruhig durch die Nase zu atmen, während es sich auf seine Atmung und darauf konzentriert, wie die Luft durch die Nasenlöcher ein- und ausströmt. Es soll die Augen schließen, um sich besser konzentrieren zu können. Bei kleineren Kindern reicht es, wenn sie die Positionen fünf Minuten lang halten (erzählen Sie ihnen eine Geschichte oder schalten Sie Musik ein), größere schaffen fünfzehn Minuten.

1. Legen Sie sich auf den Rücken vor eine Wand.
2. Heben Sie die Füße und strecken Sie die Beine an der Wand nach oben. Legen Sie, wenn nötig, ein Kissen unter den unteren Rücken und den Po. Halten Sie die Augen geschlossen.
3. Beine und Oberkörper liegen im rechten Winkel zwischen dem Fußboden und der Wand.

7 TEICH *Tadagasana*

Diese Position hilft Ihrem Kind, sich zu entspannen und sich auszuruhen, wenn es müde ist. Sie fördert die Lockerung der Muskeln.

1. Legen Sie sich zusammen mit leicht geöffneten Beinen auf den Rücken.

2. Ziehen Sie die Beine an, sodass Sie die Füße flach auf den Boden stellen können.

3. Legen Sie die Arme hinter dem Kopf ab, ohne dass sie sich berühren. Verharren Sie mindestens fünf Minuten in dieser erholsamen Position und atmen Sie normal weiter.

4. Kehren Sie zur Ausgangsposition mit gestreckten Armen und Beinen zurück.

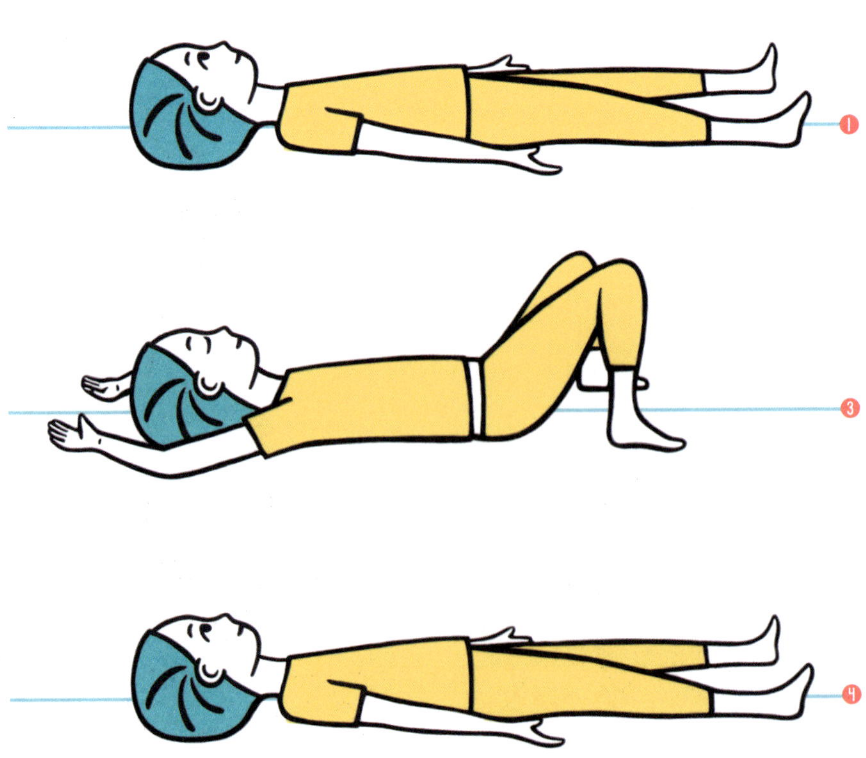

8 FERSENSITZ *Vajrasana*

Diese Position hilft Ihrem Kind, sich zu entspannen und wieder zur Ruhe zu kommen. Sie unterstützt den Kreislauf und die Verdauung.

1. Setzen Sie sich auf die Fersen.
2. Halten Sie die Wirbelsäule und den unteren Rücken ganz gerade.
3. Lassen Sie die Schultern, den Hals und den Kiefer locker.
4. Legen Sie beide Handflächen auf die Schenkel.
5. Atmen Sie ruhig durch die Nase und konzentrieren Sie sich auf die Atmung. Schließen Sie die Augen, um sich noch besser konzentrieren zu können.

9 SCHNEIDERSITZ *Sukhasana*

Diese Position hilft Ihrem Kind, sich zu entspannen und wieder zur Ruhe zu kommen. Sie eignet sich für die Meditation oder für die Mudras.

1. Setzen Sie sich mit gekreuzten Beinen, im Schneidersitz, auf den Boden. Achten Sie darauf, dass die Wirbelsäule und der untere Rücken ganz gerade sind.
2. Lassen Sie die Schultern, den Hals und den Kiefer locker. Atmen Sie ruhig durch die Nase.
3. Schließen Sie die Augen, um sich besser konzentrieren zu können.

10 LOTUS UND HALBER LOTUS

fortgeschritten

Padmasana und ardha padmasana

Diese Position hilft Ihrem Kind, sich zu entspannen und wieder zur Ruhe zu kommen. Sie unterstützt den Kreislauf und die Verdauung, lockert die Knöchel und öffnet die Hüften.

1. Setzen Sie sich mit ausgestreckten Beinen auf den Boden.
2. Ziehen Sie einen Fuß mit den Händen auf den Schenkel des anderen Beins und so nah wie möglich an die Hüfte heran. Die Fußsohle zeigt nach oben.
3. Wiederholen Sie dasselbe mit dem anderen Fuß. Beginnen Sie mit dem, bei dem es Ihnen oder Ihrem Kind leichter fällt, und wenden Sie keine Gewalt an. Für viele ist es angenehmer, mit dem rechten Bein anzufangen.
4. Falls Sie Schwierigkeiten haben, setzen Sie sich in den halben Lotus. Nehmen Sie die gleiche Position ein wie zuvor, aber den zweiten Fuß legen Sie einfach unter den Schenkel des anderen Beins.

Halber Lotus

Lotus

11 VOLLKOMMENER SITZ

Siddhasana

mittel

Diese Position hilft Ihrem Kind, sich zu entspannen und wieder zur Ruhe zu kommen. Sie eignet sich für die Meditation oder für die Mudras.

1. Setzen Sie sich mit ausgestreckten Beinen auf den Boden.
2. Ziehen Sie mit den Händen die Ferse des rechten Beins so nah wie möglich an Ihr Becken.
3. Legen Sie den linken Fuß auf das rechte Bein, sodass die beiden Knöchel übereinanderliegen (Sie können auch mit dem anderen Fuß beginnen).
4. Halten Sie die Wirbelsäule und den unteren Rücken ganz gerade. Lassen Sie die Schultern, den Hals und den Kiefer locker.
5. Atmen Sie ruhig durch die Nase und konzentrieren Sie sich auf die Atmung. Schließen Sie die Augen.
6. Führen Sie mit den Händen die Chin-Mudra aus: Legen Sie die Hände auf die Schenkel, sodass sich Zeigefinger und Daumen berühren, die drei anderen Finger sind gestreckt.

12 DER BERG

Diese spielerische Atemübung ist ein imaginärer Spaziergang durch die Natur. Eine gute Atmung ist das A und O, denn sie verbessert die Lebensqualität.

1. Diese Übung machen Sie gemeinsam mit Ihrem Kind im Sitzen. Drei Positionen sind möglich: Schneidersitz (S. 18), Fersensitz (S. 17), halber Lotus bzw. Lotus (S. 19). Strengen Sie sich ruhig ein wenig an, aber zwingen Sie sich zu nichts. Für diese Übung müssen Sie ruhig und entspannt sein. Sitzen Sie schon so fest wie ein Berg?
2. Sie sind ein Berg, den ein Männchen hinauf- und wieder herunterklettern wird. Heben Sie einen Arm: Das ist der Gipfel. Mit Zeige- und Mittelfinger der anderen Hand mimen Sie das Männchen. Es wird bis zur Bergspitze hinaufsteigen.
3. Während es von der Schulter zur Hand hinaufklettert, atmen Sie langsam durch den halbgeöffneten Mund ein.
4. Wenn das Männchen oben angekommen ist, klettert es wieder herunter. Mimen Sie mit der anderen Hand das heruntersteigende Männchen, während Sie langsam ausatmen und nur einen dünnen Luftstrom ausstoßen.
5. Weil die kleine Wanderung dem Männchen gut gefallen hat, steigt es den Berg noch ein paar Mal langsam hinauf und wieder herunter.

Machen Sie die Atemübungen (Übungen 12 bis 16) mit dem Kind zusammen. Mit diesen spielerischen Methoden können schon die Jüngsten die richtige Atemtechnik und die Kontrolle über ihre Atemzüge erlernen. Die Atmung bildet die Basis verschiedener sportlicher und künstlerischer Aktivitäten wie zum Beispiel Singen. Im Alltag kann man mithilfe der Atmung besser auf seine Gefühle achten. Beim Yoga ist sie sehr wichtig, weil die Positionen auf den Rhythmus des Ein- und Ausatmens ausgerichtet sind. Sie können diese Übungen zu jeder Tageszeit und an jedem beliebigen Ort machen.

13 DER ELEFANT

Diese Atemübung besteht aus einer Phase der Ein- und einer Phase der Ausatmung. Durch das Bild des Elefanten, der Wasser einsaugt, um sich damit zu bespritzen, wird dem Kind der Atemkreislauf bewusst gemacht. Dieses Verständnis bildet die Basis der Übung.

1. Stellen Sie sich mit geschlossenen Füßen hin.
2. Sie spielen jetzt mit Ihrem Kind Elefanten, die mit dem Rüssel Wasser aus einem Teich einsaugen und wieder ausstoßen. Strecken Sie beide Arme nach vorn und legen Sie eine Hand auf die andere, wobei die Handflächen nach unten zeigen.
3. Beugen Sie sich so tief wie möglich hinunter.
4. Während Sie sich langsam wieder aufrichten (die Hände bleiben in ihrer Position), atmen Sie ein und machen Sie dabei ein anhaltendes, schlürfendes Geräusch. Das ist der Elefant, der mit dem Rüssel Wasser aus einem Teich saugt.
5. Wenn Sie mit beiden Armen über dem Kopf angekommen sind, beugen Sie sich langsam wieder zu den Füßen. Atmen Sie aus und machen Sie dabei durchgehend ein Geräusch, als ob Wasser spritzt. Der Elefant stößt das Wasser durch den Rüssel wieder aus.
6. Sie können diese Übung mehrmals in Ruhe wiederholen.

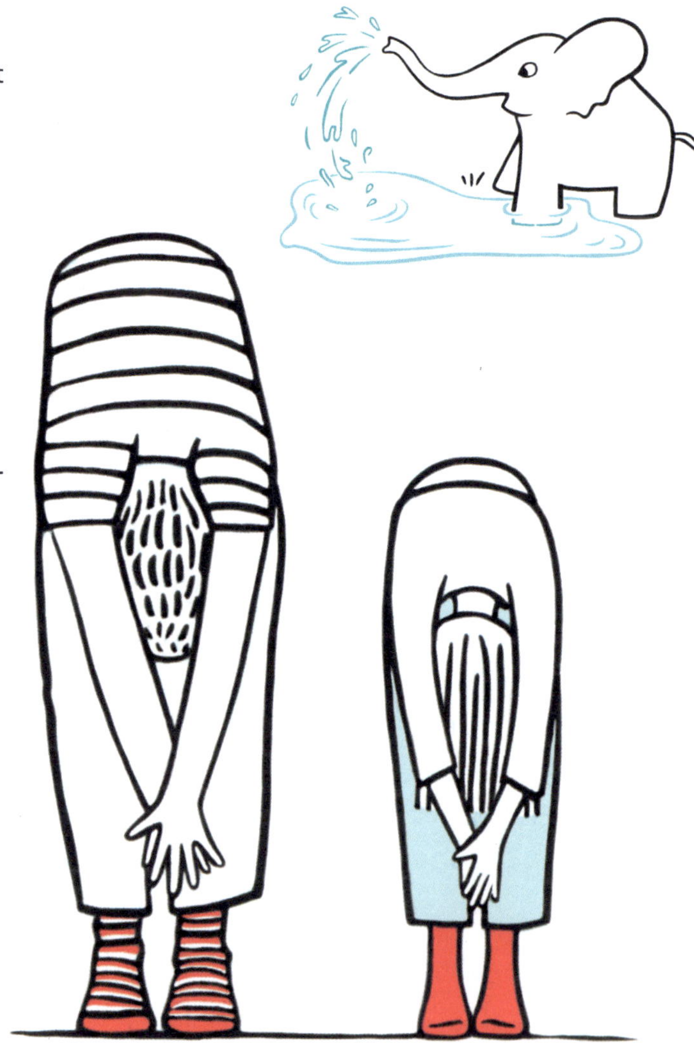

14 DER PFAU

Beim Sitzen in entspannter Position wird Ihrem Kind bewusst, wie die Atmung zur Regulierung des Nervensystems und des Kreislaufs beiträgt. Die Atmung ist aus körperlicher Sicht absolut entscheidend.

1. Setzen Sie sich mit Ihrem Kind hin oder bleiben Sie mit geschlossenen Füßen und seitlich am Körper anliegenden Armen stehen. Drei Sitzpositionen sind möglich: Schneidersitz (S. 18), Fersensitz (S. 17), halber Lotus bzw. Lotus (S. 19).
2. Sie spielen einen Pfau. Sie schlagen ein Rad wie dieser majestätische Vogel und atmen dabei. Heben Sie langsam die Arme und beschreiben Sie auf jeder Seite einen Halbkreis, während Sie einatmen. Nehmen Sie die Luft dabei langsam und möglichst gleichmäßig auf.
3. Legen Sie langsam die Hände über dem Kopf zusammen.
4. Nun schließt der Pfau das Rad seines Federkleides wieder. Bewegen Sie die Hände auf beiden Seiten ohne Eile nach unten und beschreiben Sie wieder einen Halbkreis, wobei Sie langsam ausatmen.
5. Sie können diese Übung mehrmals in Ruhe wiederholen.

15 DIE SCHLANGE

Atmung und Gefühle sind eng miteinander verbunden; Psyche und Atmung beeinflussen sich gegenseitig. Eine gute Atmung hilft Ihrem Kind, sich zu entspannen.

1. Knien Sie sich mit Ihrem Kind hin und setzen Sie sich auf die Fersen.
2. Strecken Sie die Arme über den Kopf und legen Sie die Handflächen aneinander.
3. Beugen Sie sich ganz hinunter und strecken Sie die Hände weit nach vorn.
4. Sie spielen nun eine zischende Schlange. Legen Sie die Zunge nah an den Gaumen. Heben Sie langsam Kopf, Oberkörper und Arme und saugen Sie die Luft beim Einatmen kontinuierlich zwischen Zunge und Gaumen ein.
5. Wenn Sie mit den Armen in der Vertikalen angekommen sind, beugen Sie sich langsam wieder nach unten und atmen Sie dabei kontinuierlich zischend aus. Sie sind eine Schlange, die zischt, um sich zu schützen.
6. Sie können diese Übung mehrmals in Ruhe wiederholen.

16 DER SCHMETTERLING UND DER NEKTAR

In der Hektik des Alltags wird heutzutage oft vergessen, welch wichtige Rolle die Atmung spielt. Wenn man gut atmet, kann man seine Emotionen kontrollieren und in stressigen Momenten wieder zur Ruhe kommen. Durch das Bild des Nektar trinkenden Schmetterlings können Sie Ihrem Kind auch schon eine Vorstellung von den Zusammenhängen im Lebensraum von Pflanzen und Insekten vermitteln.

1. Sie verwandeln sich in einen Schmetterling, der Nektar aufsaugt und ihn dann wieder abgibt. Setzen Sie sich mit geradem Rücken und nach vorn ausgestreckten Beinen auf den Boden.
2. Ziehen Sie die Knie an, lassen Sie sie nach außen fallen und legen Sie die Fußsohlen aneinander. Umschließen Sie die Zehen mit beiden Händen.
3. Sie und Ihr Kind sind nun Schmetterlinge. Beugen Sie den Oberkörper nach vorn, bis Sie mit der Stirn die Füße berühren, wenn Ihnen das ohne allzu große Anstrengung gelingt.
4. Heben Sie langsam den Kopf und atmen Sie dabei kontinuierlich ein: Der Schmetterling nimmt den Nektar auf.
5. Wenn Ihr Rücken gerade ist, stoßen Sie die Luft langsam durch den Mund aus. Der Schmetterling gibt den Nektar ab.
6. Sie können diese Übung mehrmals in Ruhe wiederholen.

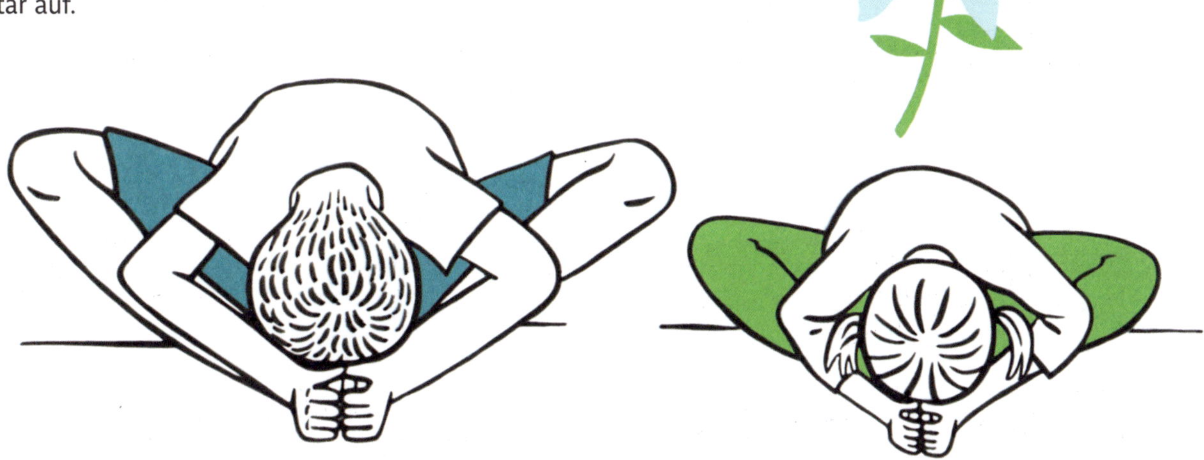

17 DIE ARME

Hasta sanchalan

Diese Übung kräftigt und lockert den Hals, die Arme und die Schultern.

1. Legen Sie sich beide auf den Rücken und öffnen Sie leicht die Beine. Strecken Sie die Arme und heben Sie sie ein paar Zentimeter über den Boden. Beschreiben Sie mit beiden Händen an den Seiten jeweils einen Halbkreis und bringen Sie die Hände hinter dem Kopf zusammen. Verschränken Sie die Finger. Halten Sie sie verschränkt und drehen Sie die Handflächen nach außen. Währenddessen strecken Sie den ganzen Körper von den Händen bis zu den Fußspitzen (es hilft, wenn Sie dabei die Fußsohlen zum Boden bewegen). Kehren Sie in die Ausgangsposition zurück, indem Sie die Bewegung in umgekehrter Richtung wiederholen.

2. Heben Sie die gestreckten Arme zur Decke und dann über den Kopf. Legen Sie die Hände zusammen und verschränken Sie die Finger. Halten Sie sie verschränkt und drehen Sie die Handflächen nach außen. Währenddessen strecken Sie den Körper vom Kopf bis zu den Füßen. Kehren Sie in die Ausgangsposition zurück, indem Sie die Bewegung in umgekehrter Richtung wiederholen.

Diese Lockerungsübungen (Übungen 17 bis 21) sollen Ihr Kind nicht nur an Yoga heranführen, sondern helfen auch, seine Beweglichkeit zu verbessern. Sie »ölen« die Gelenke und erhalten die Muskeln. Das Kind kann nach Lust und Laune Kopfbewegungen wie Nicken oder Kopfschütteln hinzufügen oder mit den Schultern Schwimmbewegungen imitieren usw.

3. Heben Sie die gestreckten Arme ein paar Zentimeter vom Fußboden ab. Mit einer Halbkreisbewegung an den Seiten bringen Sie die Hände über den Kopf. Setzen Sie dann die Kreisbewegung fort und kreuzen Sie die Arme über dem Körper (ungefähr über dem Bauch), bis die Arme wieder wie in der Ausgangsposition neben dem Körper liegen. Machen Sie mit beiden Armen sich kreuzende Kreisbewegungen (wie eine Schere) über dem Körper.

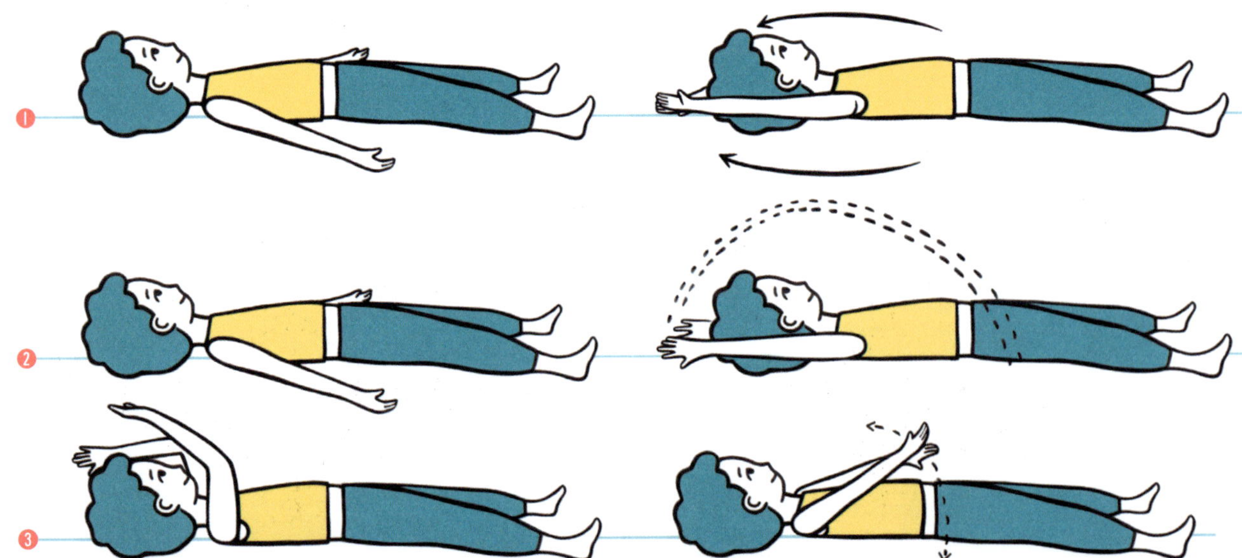

18 DIE FÜSSE *Padha sanchalan*

Diese Übung lockert die Schenkel, Hüftgelenke, Beine und Knöchel des Kindes.

1. Legen Sie sich beide auf den Rücken. Ziehen Sie mit angewinkelten Knien beide Füße nacheinander zum Gesäß. Verschränken Sie die Arme unter dem Kopf. Strecken Sie den ganzen Körper vom Kopf bis zum unteren Rücken.

2. Heben Sie das linke Bein und machen Sie mit dem Fuß drei langsame, weiche Kreisbewegungen. Lassen Sie das linke Bein ausruhen und wiederholen Sie die Bewegung mit dem rechten Bein.

3. Lassen Sie die Arme auf dem Boden liegen und strecken Sie sie auf der Höhe der Schultern zu den Seiten, sodass Ihr Körper ein T bildet. Der Kopf bleibt auf dem Boden liegen. Kippen Sie nun das Becken und schieben Sie den rechten Fuß zur linken Hand. Kehren Sie in die Ausgangsposition zurück. Wiederholen Sie das Ganze zur anderen Seite und versuchen Sie nun, mit dem linken Fuß die rechte Hand zu berühren. Kehren Sie dann wieder in die Ausgangsposition zurück. Führen Sie alle Bewegungen sanft und geschmeidig aus.

1

2

3

Lockerung

19 DIE KNIE *Janu sanchalan*

Diese Übung kräftigt und lockert die Wirbelsäule, die Knie und die Hüftgelenke Ihres Kindes.

1. Legen Sie sich auf den Rücken. Verschränken Sie die Arme unter dem Kopf. Winkeln Sie das linke Bein an, sodass der Fuß auf dem Boden bleibt, und legen Sie ihn so nah wie möglich an die Hüfte. Verankern Sie den Fuß fest auf dem Boden und schieben Sie das linke Knie so weit wie möglich nach rechts. Kehren Sie in die Ausgangsposition zurück. Winkeln Sie das rechte Bein an, sodass der Fuß auf dem Boden bleibt, und legen Sie ihn so nah wie möglich an die Hüfte. Verankern Sie den Fuß fest auf dem Boden und schieben Sie das rechte Knie so weit wie möglich nach links. Kehren Sie in die Ausgangsposition zurück.

2. Winkeln Sie das linke Bein an, sodass der Fuß auf dem Boden bleibt, und legen Sie ihn so nah wie möglich an die Hüfte. Das rechte Bein liegt im rechten Winkel nach außen. Verankern Sie den Fuß fest auf dem Boden und schieben Sie das linke Knie so weit wie möglich nach rechts. Kehren Sie in die Ausgangsposition zurück. Winkeln Sie das rechte Bein an, sodass der Fuß auf dem Boden bleibt, und legen Sie ihn so nah wie möglich an die Hüfte. Das linke Bein liegt im rechten Winkel nach außen. Verankern Sie den Fuß fest auf dem Boden und schieben Sie das rechte Knie so weit wie möglich nach links. Kehren Sie in die Ausgangsposition zurück.

3. Winkeln Sie die Beine an, halten Sie die Füße geschlossen und ziehen Sie sie ganz nah an die Hüfte. Legen Sie das linke Knie möglichst nah am Boden ab und drehen Sie den Kopf nach rechts. Kehren Sie in die Ausgangsposition zurück. Wiederholen Sie die Bewegungen langsam drei- bis fünfmal auf jeder Seite.

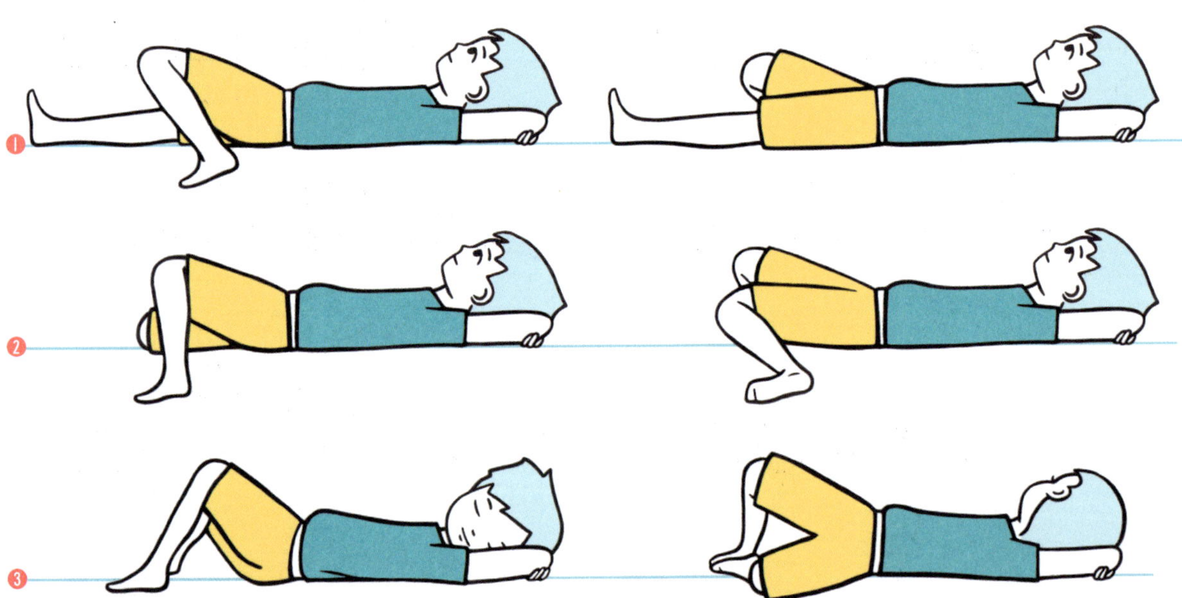

20 DIE SCHULTERN

Skandha sanchalan

Diese Übung kräftigt und lockert die Schultern Ihres Kindes.

1. Setzen Sie sich zusammen in den Fersensitz, also auf dem Boden kniend auf die Fersen. Lassen Sie beide Arme locker neben dem Körper hängen.

2. Heben Sie sanft die Schultern und versuchen Sie, damit die Ohren zu erreichen. Senken Sie sie langsam wieder. Wiederholen Sie die Bewegungen ganz geschmeidig drei- bis fünfmal.

3. Winkeln Sie die Arme an und legen Sie die Fingerspitzen (ohne die Daumen) auf die Schultern. Beschreiben Sie mit den Ellbogen eine langsame Kreisbewegung nach vorn, sodass sie sich vor Ihnen berühren. Machen Sie drei Kreise in die eine und drei Kreise in die andere Richtung.

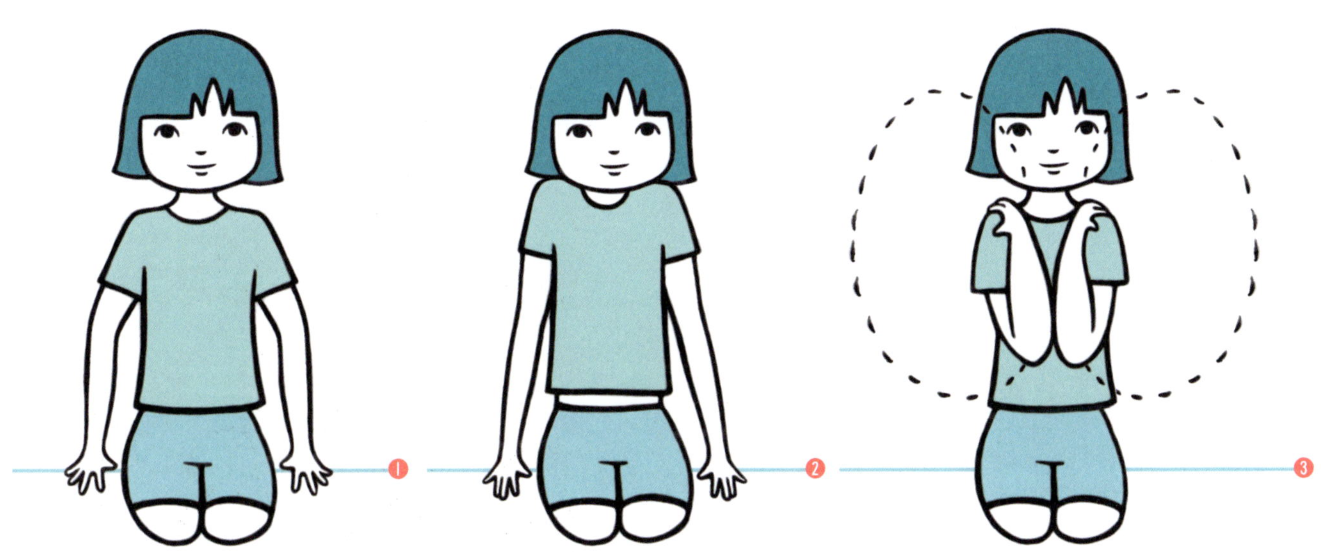

21 DER HALS
Kantha sanchalan

Diese Übung kräftigt und lockert den Hals des Kindes.

1. Setzen Sie sich in den Fersensitz. Neigen Sie den Kopf sanft nach vorn, mit dem Kinn zur Brust, dann ganz behutsam nach hinten, mit dem Hinterkopf zum oberen Rücken.

2. Drehen Sie den Kopf nach rechts, dann nach links. Neigen Sie den Kopf sanft nach links, mit dem linken Ohr zur linken Schulter, dann nach rechts, mit dem rechten Ohr zur rechten Schulter. Wiederholen Sie die Bewegungen langsam und geschmeidig drei- bis fünfmal.

3. Neigen Sie den Kopf erst nach vorn, mit dem Kinn zur Brust; dann nach links, mit dem linken Ohr zur linken Schulter; dann nach hinten, mit dem Hinterkopf zum oberen Rücken; und schließlich nach rechts, mit dem rechten Ohr zur rechten Schulter. Wiederholen Sie diese Drehbewegung in die andere Richtung. Dann wiederholen Sie sie langsam und geschmeidig drei- bis fünfmal in beide Richtungen.

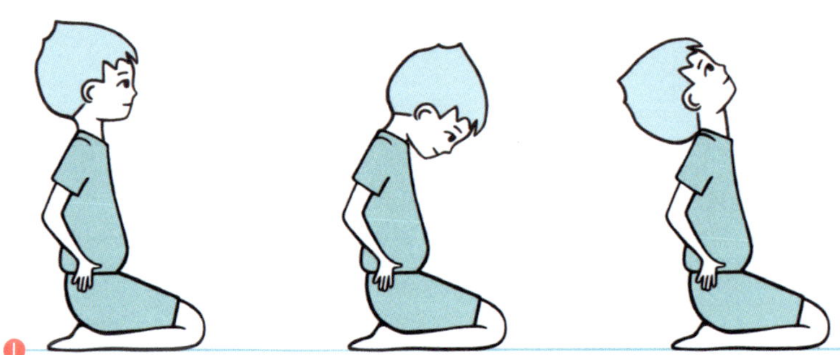

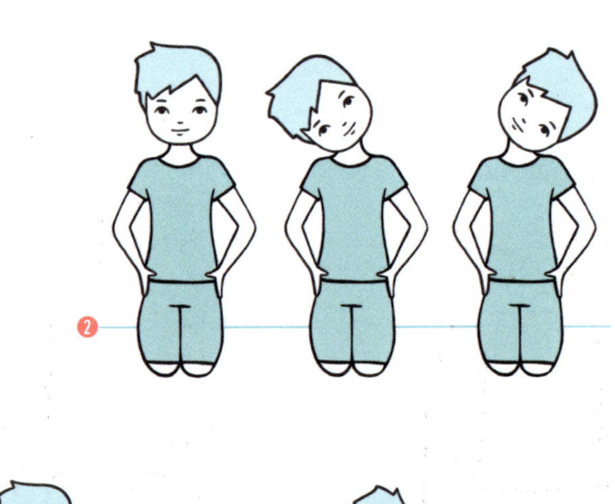

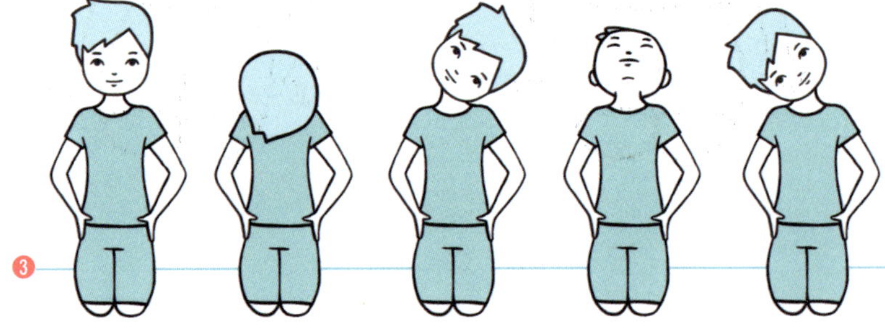

22 MUDRA DES GRUSSES UND DES DANKES

Anjali-Mudra

Diese Position hilft, Stress und Ängste abzubauen, und Sie können Sie daher anwenden, wenn Sie Ihr Kind beruhigen möchten. Sie schenkt Frieden und Liebe. Da alle Finger gleichermaßen beteiligt sind, unterstützt diese Mudra die Harmonie zwischen Körper und Geist.

Die Mudras (Übungen 22 bis 32) sind hauptsächlich Bewegungen der Hände und der Finger. Man kann sie zu jeder Tageszeit und in jeder Umgebung und Situation praktizieren. Am wirksamsten sind sie jedoch, wenn sie im Sitzen und in einer der drei folgenden Yoga-Positionen ausgeführt werden: im Schneidersitz (S.18), Fersensitz (S.17), halben Lotus bzw. Lotus (S.19).
Machen Sie die Übungen mit Ihrem Kind zusammen. Mit älteren Kindern können Sie sie 5 bis 15 Minuten lang halten; mit jüngeren zählen Sie mindestens 10 tiefe Ein- und Ausatmungen durch die Nase. Wählen Sie einfache Mudras für die Kleinsten (2 ½ bis 4 ½ Jahre) und erwarten Sie nicht, dass sie die Übung perfekt beherrschen.
Achten Sie darauf, dass das Kind entspannt ist und die Finger sanft aneinanderdrückt. Es soll die Augen schließen oder geradeaus schauen und gut atmen. Wenn Sie mit Ihrem Kind regelmäßig Mudras praktizieren, werden Sie eine positive Wirkung auf seine Gesundheit feststellen. Die Wirkung einer Mudra kann sofort einsetzen, manchmal braucht es aber auch ein bisschen Zeit.

1. Setzen Sie sich mit Ihrem Kind in den Schneidersitz.
2. Legen Sie die Handflächen auf der Höhe des Herzens aneinander.
3. Schauen Sie geradeaus, mit geradem Rücken und geraden Schultern.
4. Die Unterarme sollen parallel zum Boden sein.
5. Achten Sie darauf, die Hände nicht gegen den Oberkörper zu drücken.

einfach

23 MUDRA DER MEDITATION

Dhyana-Mudra

Diese Mudra dient dazu, die Konzentration des Kindes zu verbessern und es zu beruhigen.

1. Setzen Sie sich beide bequem in eine der drei folgenden Positionen: Schneidersitz (S. 18), Fersensitz (S. 17), halber Lotus bzw. Lotus (S. 19).
2. Formen Sie mit den Händen die Dhyana-Mudra: Die Hände liegen auf dem Schoß, die rechte Hand in der linken, sodass beide Handflächen nach oben zeigen und die Daumenspitzen einander berühren.
3. Atmen Sie normal und konzentrieren Sie sich auf Ihre Atemzüge.

Je nach Alter des Kindes dauert diese Übung 3 bis 15 Minuten. Es wird sich besser konzentrieren können, wenn es die Augen schließt.

Halber Lotus

Lotus

24 MUDRA DER ERKENNTNIS

Gnyana-Mudra

Diese Mudra verbessert die Konzentrationsfähigkeit Ihres Kindes und hilft beim Auswendiglernen. Wenn sie regelmäßig praktiziert wird, fördert sie die Ruhe und lässt den Geist Frieden finden.

1. Setzen Sie sich in den Schneidersitz und legen Sie die Hände auf die Knie.
2. Drehen Sie die Handflächen nach oben.
3. Legen Sie jeweils die Spitze von Daumen und Zeigefinger aneinander.
4. Halten Sie die drei anderen Finger gestreckt.

25 MUDRA DES RAUMS UND DER LEERE

Shunya-Mudra

Diese Mudra wird empfohlen, um den Geist des Kindes während der Meditation zu beruhigen. Sie verbessert die Funktion des Innenohrs und kann dort Schmerzen lindern. Die Position hilft gegen Müdigkeit und schenkt neue Kraft, außerdem trainiert sie die Geduld.

1. Setzen Sie sich gemeinsam in den Schneidersitz.
2. Legen Sie die Hände auf den Knien ab und drehen Sie die Handflächen nach oben.
3. Legen Sie jeweils die Spitze von Daumen und Mittelfinger aneinander.
4. Halten Sie die drei anderen Finger gestreckt.

26 MUDRA DER ERDE

Prithvi-Mudra

Diese Mudra hilft, die verschiedenen Elemente im Inneren des Körpers ins-Gleichgewicht zu bringen, sie schenkt Kraft und vertreibt Müdigkeit. Die Übung gibt Ihrem Kind Stabilität und verbessert sein Selbstbewusstsein.

1. Setzen Sie sich in den Schneidersitz.
2. Legen Sie die Hände auf den Knien ab und drehen Sie die Handflächen nach oben.
3. Legen Sie jeweils die Spitze von Daumen und Ringfinger aneinander.
4. Halten Sie die drei anderen Finger gestreckt.

27 MUDRA DES WASSERS

Varuna-Mudra

Diese Mudra wird eingesetzt, um das Gleichgewicht der Flüssigkeiten im Körper zu fördern. Sie kann dabei helfen, das Blut flüssig zu halten. Außerdem entwickelt sie die Intuition und weckt die Emotionen. Körperlich hilft sie Ihrem Kind bei Magen-Darm-Beschwerden und entspannt die Muskeln.

1. Setzen Sie sich in den Schneidersitz.
2. Legen Sie die Hände auf den Knien ab und drehen Sie die Handflächen nach oben.
3. Legen Sie jeweils die Spitze von Daumen und kleinem Finger aneinander.
4. Halten Sie die drei anderen Finger gestreckt.

28 UR-MUDRA

Adhi-Mudra

Diese Mudra hilft Ihrem Kind, sein Nervensystem zu beruhigen. Sie erleichtert die Atmung im unteren Bauch und steigert die Lungenkapazität und den Sauerstofffluss in der Kehle und im Kopf.

1. Setzen Sie sich in den Schneidersitz.
2. Legen Sie bei beiden Händen die Daumenspitze an den Ansatz des kleinen Fingers.
3. Umschließen Sie den Daumen mit den vier anderen Fingern, als wollten Sie ihn verstecken.
4. Legen Sie die Hände mit den Innenseiten nach oben in den Schoß, sodass sich die Fingerglieder beider Hände berühren.
5. Damit Ihr Kind bei dieser Übung besser mit seiner Vorstellungskraft arbeiten kann, können Sie sie mit dem Bild einer Schnecke im Schneckenhaus erklären.

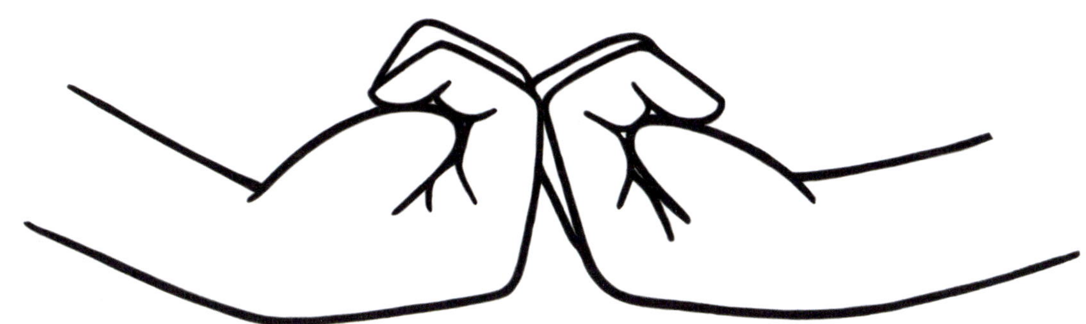

29 MUDRA DER ENERGIE

Prâna-Mudra

Diese Mudra hilft Ihrem Kind dabei, Beschwerden mit den Augen oder Schlafprobleme zu verbessern, und kann einer Verengung der Blutgefäße entgegenwirken. Außerdem schenkt sie neue Kraft und macht aktiver, wenn Sie sie regelmäßig praktizieren.

1. Setzen Sie sich zusammen in den Schneidersitz.
2. Legen Sie an beiden Händen die Spitzen von Daumen, Ring- und kleinem Finger aneinander und halten Sie die zwei anderen Finger gestreckt.
3. Dann können Sie die Hände auf den Schenkeln oder den Knien ablegen.

Diese Mudra verhilft wieder zu körperlicher Kraft, Mobilität und Wachsamkeit. Sie trägt dazu bei, den Cholesterinspiegel zu senken, und hilft auch kälteempfindlichen Kindern, weil sie den Körper warmhält.

1. Setzen Sie sich in den Schneidersitz.
2. Drehen Sie die Handflächen nach oben. Legen Sie an beiden Händen die Spitzen der Ringfinger an den Ansatz des Daumens.
3. Legen Sie den Daumen auf den Ringfinger und halten Sie die drei anderen Finger gestreckt.
4. Dann können Sie die Hände auf den Schenkeln oder den Knien ablegen.
5. Konzentrieren Sie sich während der Übung auf den Solarplexus.

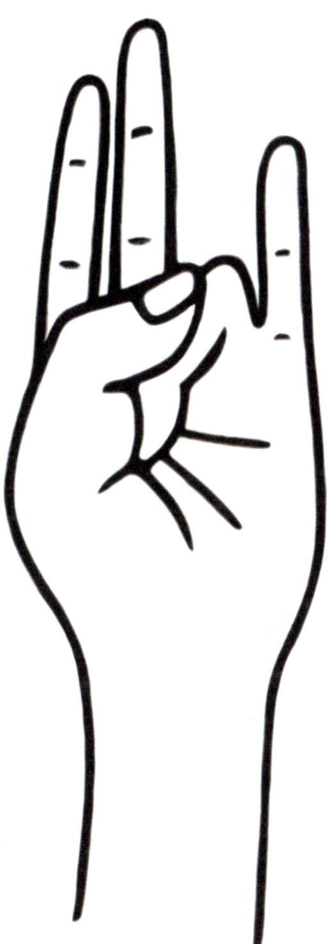

31 MUDRA DER KONZENTRATION

einfach

Akini-Mudra

Diese Mudra fördert die kognitiven Fähigkeiten Ihres Kindes, indem sie die Verbindungen zwischen der linken und der rechten Gehirnhälfte aktiviert. So verbessert sie die Leistung des Gehirns und hilft beim Auswendiglernen.

1. Setzen Sie sich zusammen in den Schneidersitz.
2. Legen Sie die fünf Fingerspitzen der rechten Hand an die der linken Hand, ohne dass sich jedoch die beiden Handflächen berühren.
3. Dann können Sie die Unterarme auf den Schenkeln oder den Knien ablegen.

32 MUDRA DES MUTS

Ahamkara-Mudra

Diese Mudra stärkt die Selbstsicherheit und das Selbstvertrauen. Sie hilft Ihrem Kind, Angst zu überwinden und Schüchternheit abzulegen. Ahamkara ist Sanskrit und bedeutet ursprünglich das Ego oder das Gefühl für das eigene Selbst.

1. Setzen Sie sich gemeinsam in den Schneidersitz.
2. Beugen Sie leicht die Zeigefinger und berühren Sie mit den Daumenspitzen die Außenseiten des jeweils zweiten Fingerglieds der Zeigefinger.
3. Halten Sie die drei anderen Finger gestreckt.
4. Dann können Sie die Hände auf den Schenkeln oder den Knien ablegen.

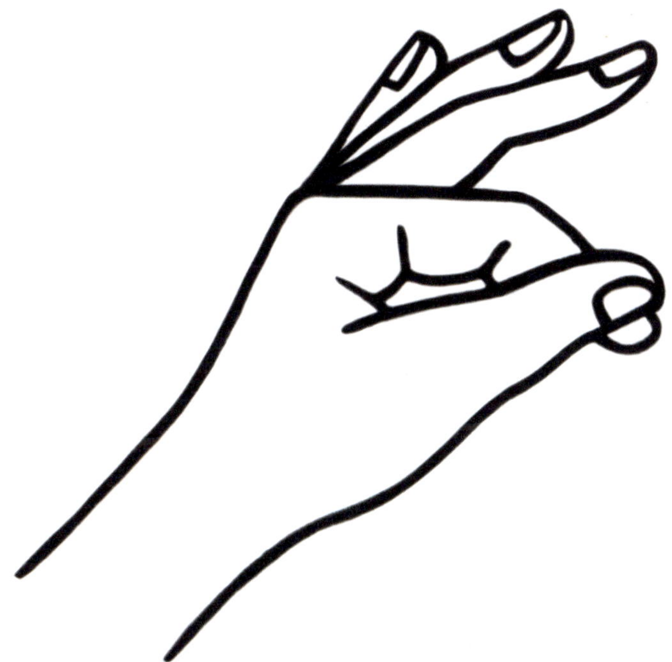

Yoga

In diesem Teil finden Sie Schritt-für-Schritt-Anleitungen für die wichtigsten Yoga-Positionen, aber auch anspruchsvollere Übungen, Gesichts-, Augen- und Gehirn-Yoga sowie Yoga-Spiele.

Die Übungen sind in stehende, sitzende und liegende Positionen unterteilt. Bei der Planung einer Yoga-Einheit können Sie sie miteinander kombinieren (siehe S. 5). Die stehenden Positionen trainieren die nötige Konzentration, um das Gleichgewicht zu halten. Beim Beugen werden die Muskeln und Gelenke gelockert. Die Positionen, bei denen man sich auf die Hände stützt, kräftigen die Arme, Handgelenke und Schultern. Übungen mit dem Kopf nach unten fördern mithilfe der Schwerkraft die Durchblutung des Gehirns. Gespreizte Beine helfen, das Becken zu öffnen und die Beinmuskulatur zu stärken. Augen-Yoga fordert die Muskeln der Augäpfel und verbessert die Sehkraft. Beim Gesichts-Yoga trainieren lustige Grimassen die zahlreichen Gesichtsmuskeln.

Um Ihrem Kind noch mehr Lust auf Yoga zu machen, können Sie ihm die Yoga-Spiele vorstellen, bei denen es auch mal etwas lauter sein, schreien oder kräftig pusten darf – sie kommen meistens sehr gut an. Helfen Sie ihm, die Positionen korrekt einzunehmen, aber achten Sie darauf, dass es sich nicht überanstrengt.

Je nach Alter, Interesse und Gelenkigkeit des Kindes kann eine Einheit 15 bis 30 Minuten dauern. Wenn es wirklich motiviert ist, auch länger, bis zu einer Stunde. Es wird empfohlen, jede Position dreimal zu wiederholen. Wenn in der Übung angegeben ist, die Stellung auf jeder Körperseite dreimal zu wiederholen, wechseln Sie die Seiten ab!

Übungen

33 BERG

Der Gleichgewichtssinn Ihres Kindes ist natürlich nicht perfekt, es schwankt – genau wie Erwachsene. Diese Übung hilft, das Gleichgewicht zu stabilisieren und Wirbelsäulenverkrümmungen auszugleichen.

Die stehenden Positionen (Übungen 33 bis 50) können Sie zu jeder Tageszeit und unter fast beliebigen Bedingungen praktizieren: Auch wenig Platz reicht aus, und Sie benötigen keinerlei Hilfsmittel. Sie können sie Ihrem Kind zum Beispiel vorschlagen, wenn es irgendwo lange warten muss, und auch andere Kinder können mitmachen, sodass ein Spiel daraus werden kann. Eine »stehende Position« kann aus einer Vorwärts- (stehende Vorwärtsbeuge), Rückwärts- (Mond) oder Seitwärtsbeuge (Winkel) oder einer Gleichgewichtsübung (Baum oder Drachen) bestehen.

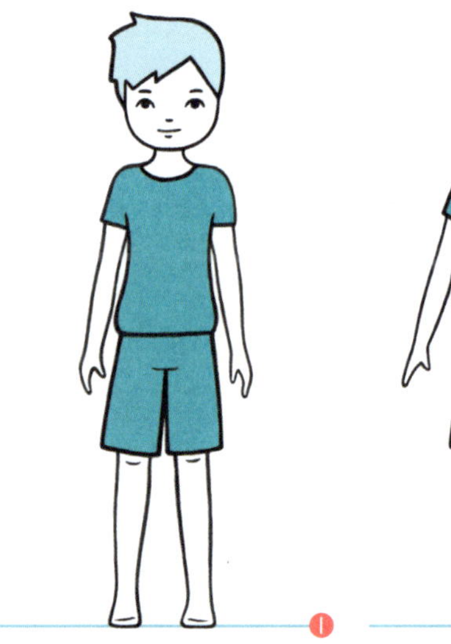

1. Bei dieser Übung stehen Sie ganz gerade. Die Füße sind etwa zehn Zentimeter voneinander entfernt.
2. Beide Arme hängen herunter und lösen sich nach und nach vom Körper, wobei die Handflächen nach unten zeigen.
3. Entfernen Sie die Arme noch ein paar Zentimeter weiter vom Körper.
4. Ziehen Sie die Finger nach oben, sodass sie mit den Händen jeweils einen rechten Winkel zu den Armen bilden.
5. Atmen Sie dreimal tief ein und aus.

34 TÄNZERIN *Natarajasana*

Diese Übung trainiert die Konzentration Ihres Kindes, den Gleichgewichtssinn und die Muskulatur der Füße. Sie macht den Rücken und die Hüften elastischer.

1. Beginnen Sie stehend, mit ganz geradem Rücken. Die Schultern sind hinten und die Füße parallel.
2. Atmen Sie tief ein und strecken Sie den rechten Arm über den Kopf.
3. Winkeln Sie das linke Bein nach hinten an und umfassen Sie mit der linken Hand den linken Fuß.
4. Beugen Sie sich nach vorn.
5. Kommen Sie beim Ausatmen in die Ausgangsposition zurück.
6. Wiederholen Sie die Übung dreimal abwechselnd auf jeder Seite.

Helfen Sie Ihrem Kind, wenn es Schwierigkeiten hat, das Gleichgewicht zu halten.

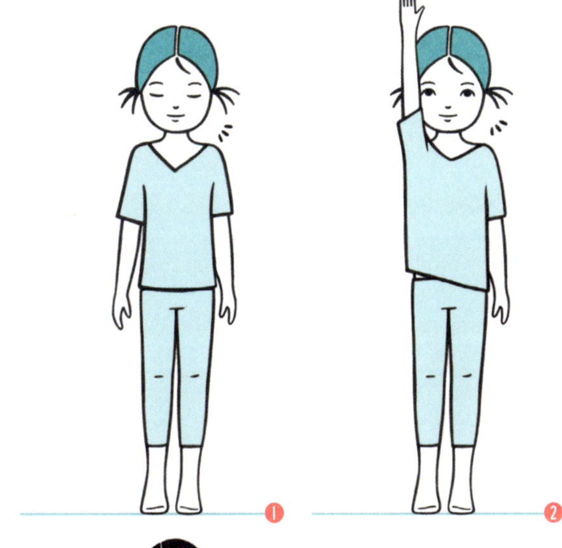

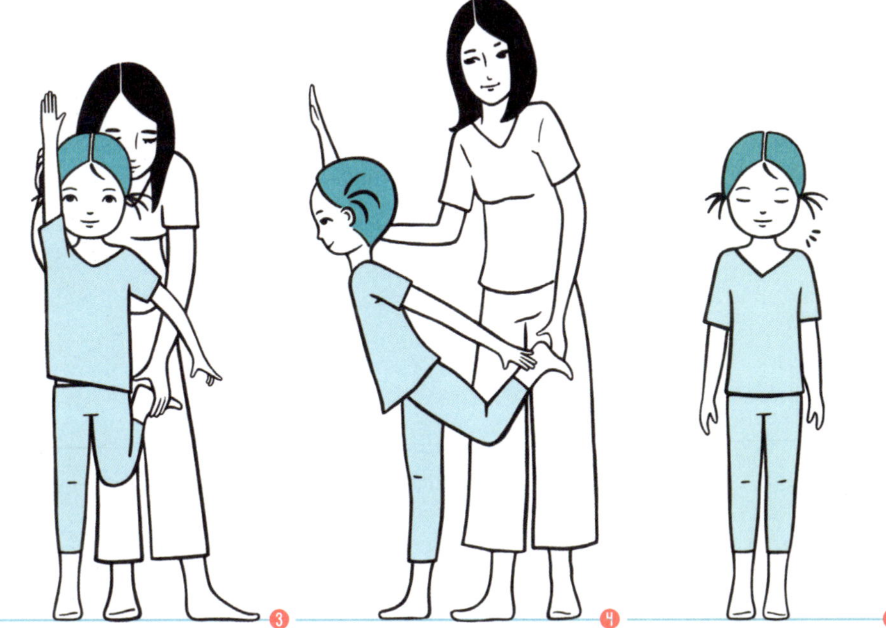

35 BAUM *Vrkshasana*

mittel

Diese Übung trainiert die Konzentration Ihres Kindes, den Gleichgewichtssinn und die Fußmuskulatur. Sie kräftigt die Beine und lockert die Schultern, Hüften, Knie und Knöchel. Das vertikale Heben der Arme öffnet den Brustkorb und fördert die Durchblutung des Herzens.

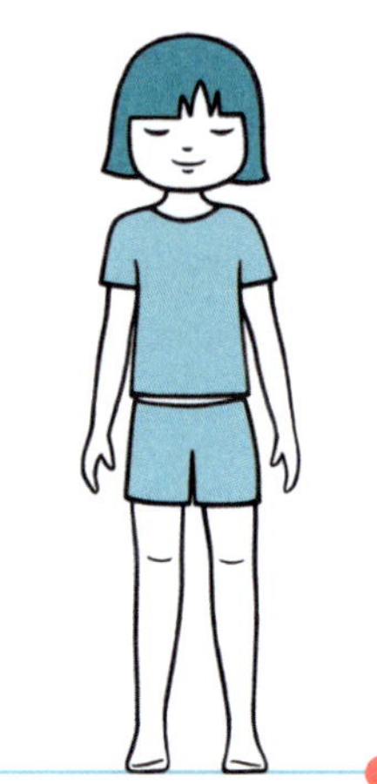

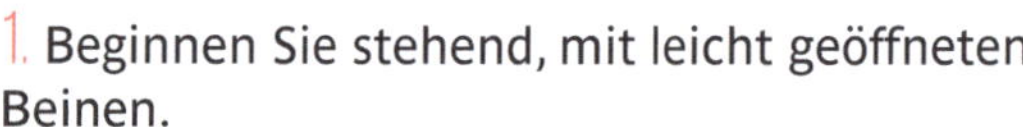

1. Beginnen Sie stehend, mit leicht geöffneten Beinen.
2. Verankern Sie ein Bein fest auf dem Boden und beugen Sie das andere Bein, wobei die Ferse nach innen zeigt.
3. Heben Sie die Ferse langsam bis zum Knie des anderen Beins. Wenn sich Ihr Kind sicher fühlt, können Sie ihm helfen, die Ferse bis zum Schenkel hochzuziehen.
4. Die herunterhängenden Arme entfernen sich langsam immer weiter vom Körper, wobei die Handflächen nach oben gerichtet sind.
5. Beim Einatmen legen Sie die Handflächen mit gestreckten Armen über dem Kopf aneinander. Der Blick soll fest und in die Ferne gerichtet sein. Um das Gleichgewicht zu halten, ist es wichtig, einen unbeweglichen Punkt zu fixieren.
6. Kommen Sie beim Ausatmen in die Ausgangsposition zurück. Wechseln Sie die Seite, indem Sie das andere Bein auf dem Fußboden verankern und das Bein beugen, das bisher fest auf dem Boden stand. Wiederholen Sie die Übung dreimal auf jeder Seite.

36 KRIEGER III

Veerabadrasana III

Diese Übung schult die Konzentrationsfähigkeit Ihres Kindes und trainiert das Gleichgewicht. Sie stärkt die Gesäßmuskulatur, die Schenkel und die Bauchmuskeln.

1. Beginnen Sie stehend, mit geschlossenen Füßen. Beim Einatmen heben Sie beide Arme über den Kopf.

2. Beim Ausatmen beugen Sie sich vor und strecken Sie ein Bein nach hinten, bis Arme, Rumpf und das andere Bein möglichst waagerecht parallel zum Boden sind. Fixieren Sie einen Punkt auf dem Fußboden oder in der Ferne, um das Gleichgewicht zu halten. Versuchen Sie, die Pose ein paar Sekunden lang zu halten, und atmen Sie dabei normal weiter.

3. Beim Einatmen kommen Sie mit über den Kopf gestreckten Armen in die Ausgangsposition zurück.

4. Beim Ausatmen legen Sie die Arme wieder an den Körper.

5. Nun ist das andere Bein an der Reihe. Wiederholen Sie die Figur zwei- oder dreimal auf jeder Seite.

1

2

37 DRACHEN Patangasana

Diese Übung dehnt und lockert den Bauch, die Schenkel, die Knie und die Knöchel Ihres Kindes, außerdem unterstützt sie die Verdauung.

1. Beginnen Sie im Stehen, mit geschlossenen Füßen. Beim Einatmen heben Sie die Arme zu beiden Seiten parallel zum Fußboden.

2. Dann beugen Sie sich beim Ausatmen vor und strecken Sie ein Bein nach hinten (sodass der Rumpf und das gehobene Bein möglichst parallel zum Boden sind). Schauen Sie geradeaus auf einen festen Punkt, um das Gleichgewicht zu halten. Versuchen Sie, die Pose ein paar Sekunden lang zu halten, und atmen Sie dabei normal weiter.

3. Beim Einatmen kehren Sie in die Ausgangsposition zurück, mit geschlossenen Füßen und zu den Seiten gestreckten Armen. Beim Ausatmen legen Sie die Arme wieder an den Körper.

4. Nun ist das andere Bein an der Reihe. Wiederholen Sie die Figur zwei- oder dreimal auf jeder Seite.

Diese Übung lockert die Wirbelsäule Ihres Kindes. Durch das Strecken der Bauchmuskeln und des Darms fördert sie auch die Funktion des Verdauungssystems.

1. Die Position führen Sie mit leicht geöffneten Beinen im Stehen aus.
2. Beim Einatmen strecken Sie die Arme nach vorn und dann langsam nach oben.
3. Halten Sie die Arme nach oben gestreckt.
4. Lehnen Sie sich leicht nach hinten.
5. Kommen Sie beim Ausatmen in die Ausgangsposition zurück.
6. Wiederholen Sie die Pose dreimal.

Diese Übung lockert den Rücken Ihres Kindes und fördert die Stabilität und das Gleichgewicht. Sie hilft Ihnen bei den verschiedenen Vorwärtsbeugen.

1. Beginnen Sie im Stehen, mit leicht geöffneten Beinen. Verschränken Sie die Hände hinter dem Kopf.

2. Beugen Sie sich nach vorn, sodass der Kopf möglichst auf der Höhe der Knie ist.

3. Atmen Sie normal weiter und bewegen Sie den Kopf mit einer Pendelbewegung erst zum rechten Knie, dann zum linken.

4. Wiederholen Sie dieses Pendeln mindestens dreimal.

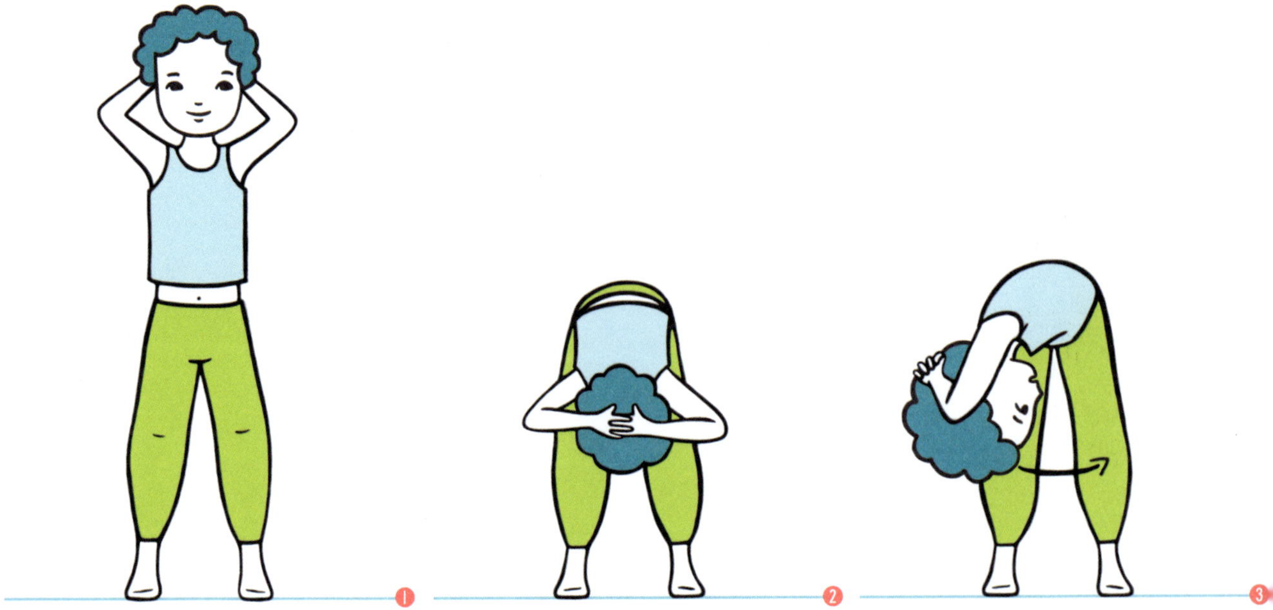

1 2 3

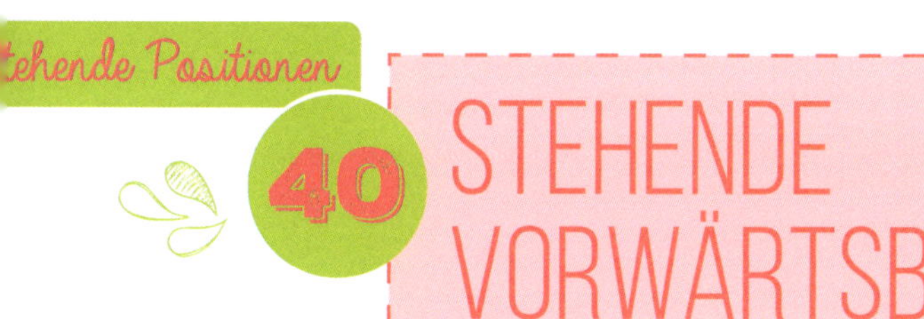

40 STEHENDE VORWÄRTSBEUGE

Uttanasana

fortgeschritten

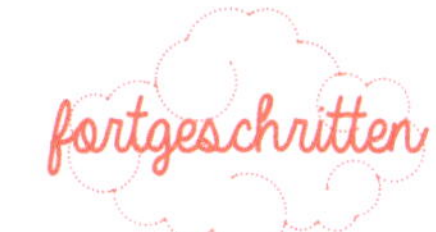

Der Rücken des Kindes profitiert man meisten von dieser Übung: Sie fordert die Bauchorgane und hilft gegen Magenbeschwerden und Aufstoßen.

1. Beginnen Sie im Stehen, mit leicht geöffneten Beinen.
2. Beugen Sie sich beim Ausatmen vor und versuchen Sie, mit den Händen Ihre Füße zu berühren, jedoch nur so weit, wie es Ihnen oder Ihrem Kind angenehm ist. Die Beine bleiben dabei gestreckt.
3. Beim Einatmen richten Sie sich wieder auf.
4. Wiederholen Sie die Übung dreimal.

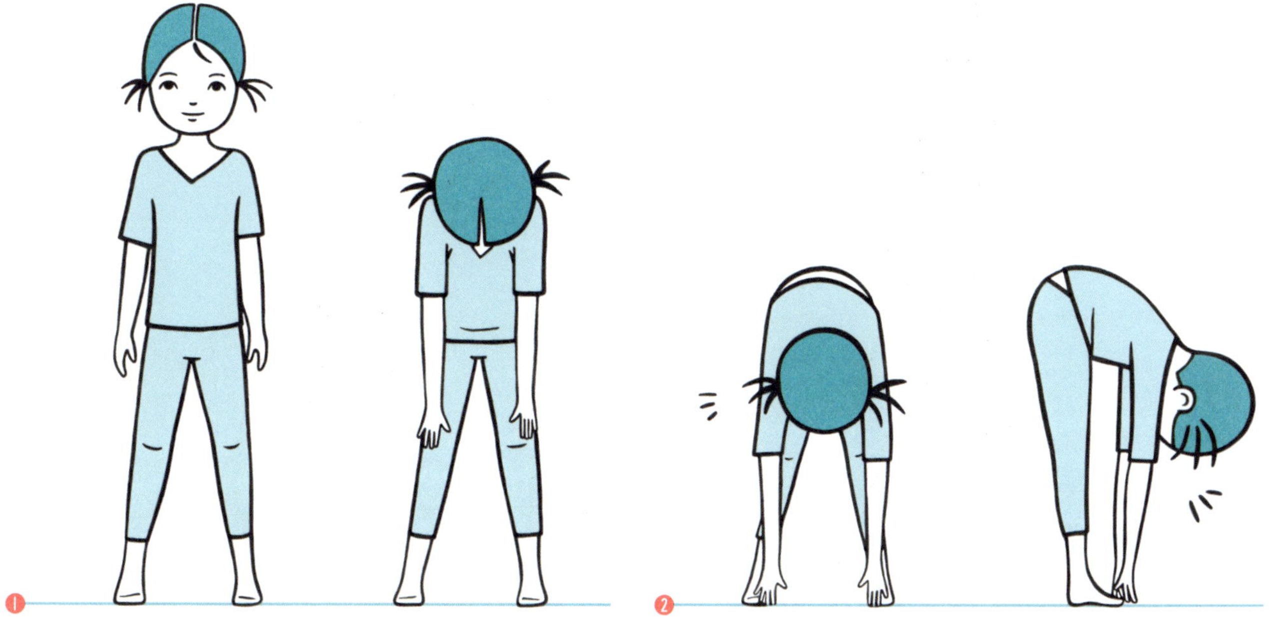

41 WINKEL – Konasana

Diese Position erinnert an das Zu- und Abnehmen des Mondes. Sie dehnt die Rückenmuskeln und lockert die Wirbelsäule.

1. Beginnen Sie im Stehen, mit gespreizten Beinen. Beim Einatmen legen Sie die Handflächen mit gestreckten Armen über dem Kopf zusammen.
2. Beim Ausatmen beugen Sie sich so weit wie möglich nach rechts. Verharren Sie ein paar Sekunden lang und atmen Sie normal weiter.
3. Kehren Sie in die Ausgangsposition zurück.
4. Wiederholen Sie die Übung und neigen Sie sich nach links. Machen Sie die Übung dreimal auf jeder Seite.

Diese Position streckt die Wirbelsäule und kräftigt den unteren Rücken, die Beine, Schenkel und Fußsohlen Ihres Kindes. Sie stimuliert den Gleichgewichtssinn, die Bauchorgane, das Zwerchfell und das Herz.

1. Stellen Sie sich mit geradem Rücken und geschlossenen Füßen hin, strecken Sie die Arme parallel nach vorn und atmen Sie ein.
2. Beugen Sie beim Ausatmen die Knie, als würden Sie sich auf einen Stuhl setzen, und halten Sie die Position ein paar Sekunden lang.
3. Stellen Sie sich beim Einatmen wieder aufrecht hin.
4. Wiederholen Sie die Bewegungen dreimal.

43 KRÄHE Bakasana

Diese Übung schult den Gleichgewichtssinn, die Koordination und die Konzentration Ihres Kindes. Sie kräftigt die Arme, Hände, Schultern und Bauchmuskeln, außerdem können Sie damit zusammen aktiv den Rücken dehnen.

1. Beginnen Sie im Stehen.
2. Beugen Sie sich vor, als wollten Sie auf den Boden schauen. Winkeln Sie beide Arme leicht an und stützen Sie sie auf einen imaginären Tisch auf der Höhe der Knie.
3. Winkeln Sie ein Bein an, um die Position der Krähe einzunehmen. Halten Sie sie ein paar Sekunden lang und atmen Sie normal weiter.
4. Kehren Sie in die Ausgangsposition zurück und wiederholen Sie die Übung dann mit dem anderen Bein.

Diese Übung im Stehen und mit gerader Wirbelsäule entwickelt den Gleichgewichtssinn und die Konzentrationsfähigkeit Ihres Kindes. Sie kräftigt die Beine und verbessert den Kreislauf.

1. Bei dieser Position stehen Sie ganz gerade.
2. Beim Einatmen öffnen Sie die Beine hüftbreit und strecken zugleich die Arme zu den Seiten, mit den Handflächen nach unten. Die Arme sind dabei parallel zum Boden.
3. Atmen Sie in dieser Sternposition ein paar Mal ein und aus.
4. Dann kehren Sie beim Ausatmen in die Ausgangsposition zurück.

45 KRIEGER I

Veerabadrasana I

Diese Übung stärkt den Brustkorb Ihres Kindes, öffnet die Hüften und kräftigt die Beine, Schenkel und Knie. Sie dehnt und festigt die Brust, den Hals, den Bauch, die Leiste und die Schultern. Zudem stärkt sie die Arme und die Rückenmuskulatur und verbessert die Ausdauer und die Kraft, vor allem in den Beinen und Knöcheln.

1. Beginnen Sie stehend. Machen Sie mit rechts einen großen Ausfallschritt, das linke Bein ist nach hinten gestreckt.
2. Der vordere Fuß steht im rechten Winkel zum hinteren.
3. Strecken Sie beide Arme parallel nach oben und neigen Sie den Kopf nach hinten, sodass Sie Ihre Arme sehen.
4. Halten Sie die Position ein paar Sekunden lang und atmen Sie dabei langsam. Kommen Sie dann in den Stand zurück.
5. Wiederholen Sie die Pose dreimal abwechselnd auf jeder Seite.

46 KRIEGER II

Veerabadrasana II

Diese Übung stärkt den Brustkorb Ihres Kindes, öffnet die Hüften und kräftigt die Beine, Waden, Schenkel und Knie. Sie dehnt die Brust, die Schultern, den Hals, den Bauch und die Leiste. Außerdem stärkt sie die Schultern, Arme und Rückenmuskeln und verbessert die Ausdauer und die Kraft, besonders in den Beinen und Knöcheln.

1. Beginnen Sie stehend. Machen Sie mit rechts einen großen Ausfallschritt, das linke Bein ist nach hinten gestreckt.
2. Der vordere Fuß steht gerade und im rechten Winkel zum hinteren; der hintere bleibt flach auf dem Boden.
3. Drehen Sie den Oberkörper zur rechten Seite, das Gesicht bleibt jedoch nach vorn gerichtet.
4. Strecken Sie den linken Arm nach vorn und den rechten Arm nach hinten. Halten Sie die Pose ein paar Sekunden lang und atmen Sie dabei langsam weiter. Kommen Sie dann in den Stand zurück.
5. Wiederholen Sie die Übung dreimal abwechselnd auf jeder Seite.

Helfen Sie Ihrem Kind, wenn es bei manchen Bewegungen Schwierigkeiten hat.

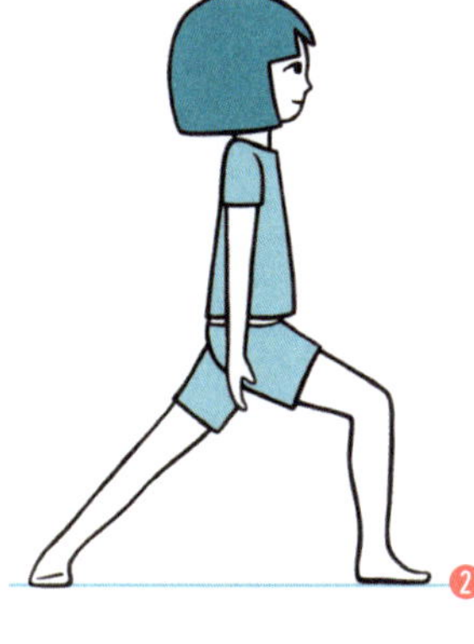

47 GESTRECKTER SEITLICHER WINKEL

Utthita parsva konasana

mittel

Diese Position hilft Ihrem Kind, die Schultern und das Becken zu öffnen. Sie dehnt die seitlichen Rückenmuskeln, lockert die Wirbelsäule und die Knie und kräftigt die Schenkel.

1. Beginnen Sie stehend, mit geöffneten Beinen. Beim Einatmen heben Sie die Arme auf beiden Seiten, sodass sie parallel zum Boden sind und die Handflächen nach unten zeigen.
2. Beugen Sie das rechte Knie und drehen Sie den Fuß nach außen.
3. Beugen Sie sich seitlich nach rechts und legen Sie beim Ausatmen die rechte Hand möglichst flach hinter den rechten Fuß.
4. Strecken Sie den linken Arm über den Kopf (dicht am linken Ohr). Der Körper soll vom linken Arm bis zum linken Fuß eine gerade Linie bilden. Halten Sie die Pose ein paar Sekunden lang und atmen Sie normal weiter.
5. Kommen Sie wieder in die Entspannungsposition in der Mitte und wiederholen Sie dann die Übung auf der anderen Seite.

Diese Übung lockert die Wirbel Ihres Kindes. Die Dehnung massiert den Darm und verbessert die Verdauung.

1. Beginnen Sie stehend, mit geöffneten Beinen.

2. Heben Sie die Arme, bis sie mit den Schultern eine Linie bilden. Die Handflächen zeigen nach unten.

3. Atmen Sie tief ein und strecken Sie die Arme zu den Seiten.

4. und 5. Beugen Sie sich seitlich nach rechts, bis Sie beim Ausatmen die rechte Hand flach hinter den rechten Fuß legen können. Der linke Arm und die Hand sind gestreckt, der Blick, wenn möglich, nach oben gerichtet.

6. Kommen Sie zurück in die Entspannungsposition und beginnen Sie dann mit der anderen Seite.

7. Wiederholen Sie die Übung dreimal.

GEDREHTES DREIECK

Parivrtha trikonasana

Diese Position lockert den Rücken Ihres Kindes, fördert die Biegsamkeit der Wirbelsäule und stärkt die Arme, die Beine und den unteren Rücken. Die Drehung massiert den Darm und verbessert die Verdauung.

1. Beginnen Sie stehend, mit geöffneten Beinen. Die Arme sind auf einer Linie mit den Schultern und die Handflächen nach unten gerichtet. Atmen Sie tief ein und strecken Sie die Arme zu den Seiten.
2. Beim Ausatmen drehen Sie den Oberkörper und das Becken nach rechts.
3. Legen Sie die linke Hand an die Außenseite des rechten Fußes (oder in die Nähe). Der rechte Arm bildet eine Linie mit dem linken Arm und ist nach oben gestreckt. Schauen Sie, wenn möglich, zur nach oben gestreckten Hand.
4. Kommen Sie zurück in die Entspannungsposition in der Mitte und beginnen Sie dann mit der anderen Seite. Wiederholen Sie die Übung dreimal.

50 VORBEUGE AUS DEM STAND MIT GEGRÄTSCHTEN BEINEN

mittel

Ugrasana

Diese Übung kräftigt die Beine und regt die Verdauungsorgane Ihres Kindes an. Außerdem verbessert sie die Durchblutung und die Sauerstoffaufnahme des Gehirns.

1. Stellen Sie sich gerade hin und grätschen Sie die Beine so weit wie möglich. Heben Sie beide Arme parallel über den Kopf.
2. Beugen Sie sich vor und legen Sie die Hände (oder die Finger, je nachdem, wie gelenkig Sie oder Ihr Kind sind) auf den Boden.
3. Dann berühren Sie den Boden mit dem Scheitel (verschieben Sie gegebenenfalls die Füße). Versuchen Sie, mit den Händen Ihre Zehen zu berühren. Verharren Sie ein paar Sekunden lang in dieser Position und atmen Sie normal weiter.

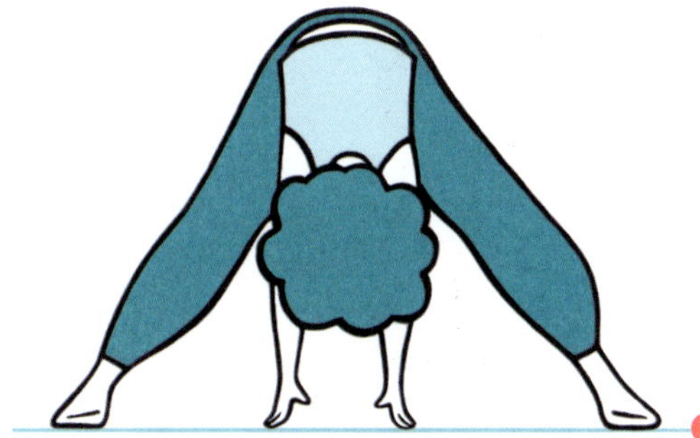

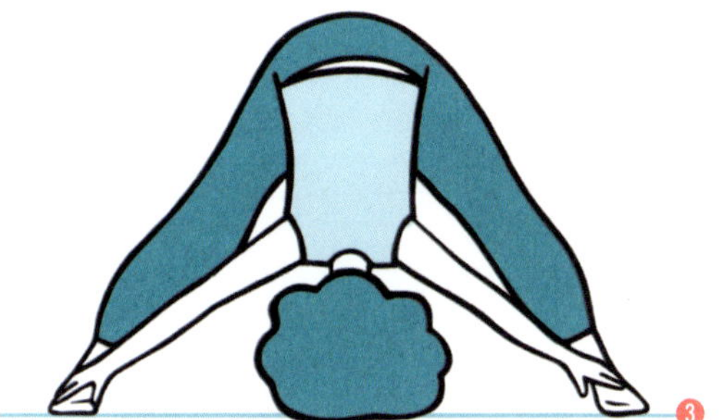

51 STOCK *Dhandasana*

einfach

Diese Übung hilft Ihrem Kind, die Muskeln an der Rückseite der Beine und die Rückenmuskulatur zu dehnen. Auch die Wirbelsäule können Sie damit gut strecken.

1. Setzen Sie sich zusammen mit ausgestreckten Beinen auf den Boden. Die Füße sind geschlossen und die Zehen zeigen nach oben.
2. Legen Sie die Hände flach auf den Boden und drücken Sie leicht dagegen.
3. Atmen Sie mehrmals langsam und tief ein und aus.
4. Sie können bei dieser Übung die Augen schließen oder geradeaus in die Ferne schauen.

Machen Sie diese Übungen mit Ihrem Kind zusammen. Ebenso wie die stehenden Asanas können Sie auch die sitzenden Positionen (Übungen 51 bis 66) spielerisch ausführen, um Ihr Kind zusätzlich zu motivieren. Bei der Schiefen Ebene können Sie zum Beispiel einen Ball über den Körper des Kindes rollen lassen. Sie können mehrere sitzende Positionen nacheinander ausführen mit Varianten, bei denen Sie sich nach vorn oder nach hinten beugen, die Wirbelsäule drehen oder die Beine grätschen.

52 SCHIEFE EBENE Purvottanasana

Diese Übung kräftigt die Arme und Handgelenke des Kindes. Sie verbessert die Gelenkigkeit der Schultern und dehnt den Oberkörper.

1. Setzen Sie sich beide mit ausgestreckten Beinen auf den Boden. Die Füße sind geschlossen und die Zehen zeigen nach oben.
2. Legen Sie die Hände flach auf den Boden, jeweils seitlich neben die Hüften, sodass die Finger nach vorn zeigen.
3. Winkeln Sie die Knie leicht an, sodass die Füße flach auf dem Boden aufliegen.
4. Beim Einatmen heben Sie den Körper an und halten Sie dabei Arme und Beine gestreckt. Der ganze Körper ist gedehnt, der Kopf nach hinten geneigt und der Oberkörper nach oben gebogen. Halten Sie diese Position einen Atemzyklus lang.
5. Kommen Sie mit dem Ausatmen in die Sitzposition zurück.
6. Wiederholen Sie diese Abfolge dreimal.

Sie können Ihrem Kind helfen, seinen Körper zu heben, damit es sich leichter dehnen kann.

53 KOPF ZUM KNIE

Janu sirsasana

Diese Position dehnt die Wirbelsäule und die Schultern des Kindes. Sie hilft auch gegen Kopfschmerzen, stimuliert die Leber und die Nieren und verbessert die Verdauung.

1. Setzen Sie sich mit ausgestreckten Beinen auf den Boden.
2. Beim Einatmen ziehen Sie den rechten Fuß ans Becken. Die rechte Fußsohle liegt an der Innenseite des linken Schenkels an.
3. Wenden Sie den Oberkörper nach links.
4. Beim Ausatmen beugen Sie sich vor, sodass Sie den Fuß oder den Knöchel des ausgestreckten Beins umfassen können. Atmen Sie ein paar Sekunden lang normal weiter.
5. Wechseln Sie dann zur anderen Seite.
6. Wiederholen Sie die Übung zwei- oder dreimal abwechselnd auf jeder Seite.

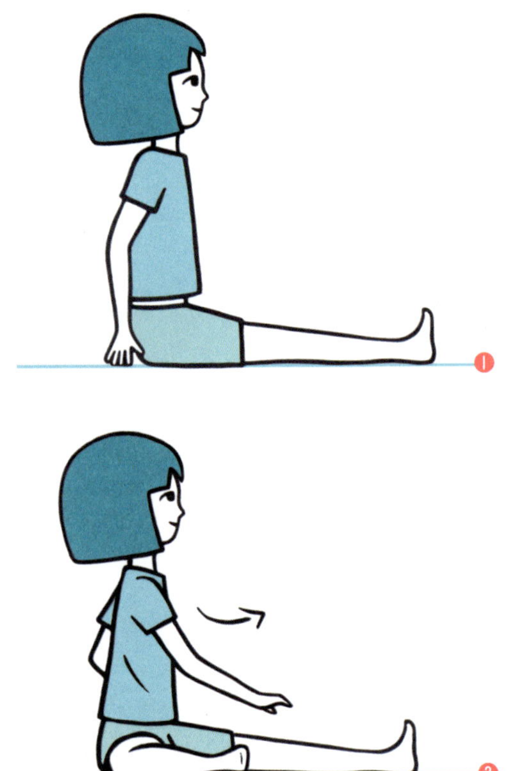

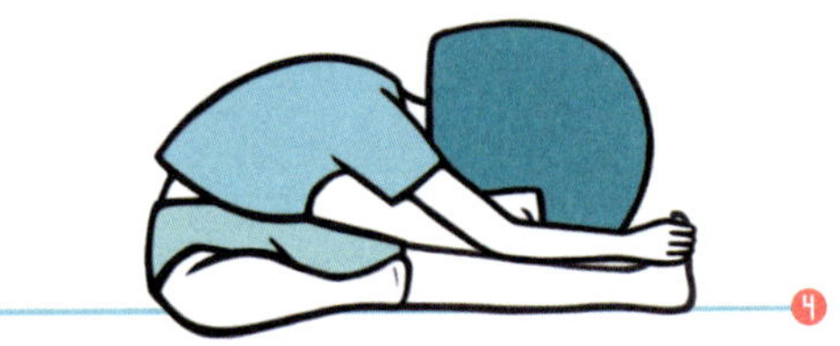

54 VORWÄRTSBEUGE

Paschimottanasana

Diese Übung verbessert die Durchblutung der Rückenmuskulatur. Sie dehnt alle Muskeln an der Körperrückseite, vom Nacken über die hinteren Oberschenkel bis zu den Fersen. Außerdem beruhigt sie den Geist und hilft Ihrem Kind gegen Stress.

1. Setzen Sie sich mit ausgestreckten Beinen auf den Boden.
2. Halten Sie die Füße geschlossen. Die Zehen zeigen nach oben.
3. Beim Einatmen strecken Sie die Arme nach oben.
4. Beim Ausatmen beugen Sie sich vor und versuchen Sie, Ihre großen Zehen zu erreichen.
5. Gehen Sie nur so weit, wie es Ihnen und Ihrem Kind angenehm ist. Berühren Sie, wenn möglich, mit der Stirn die Knie.
6. Halten Sie die Position, während Sie bis drei zählen.
7. Beim Einatmen richten Sie sich wieder auf und heben Sie die Arme.
8. Beim Ausatmen legen Sie beide Arme wieder seitlich an den Körper.

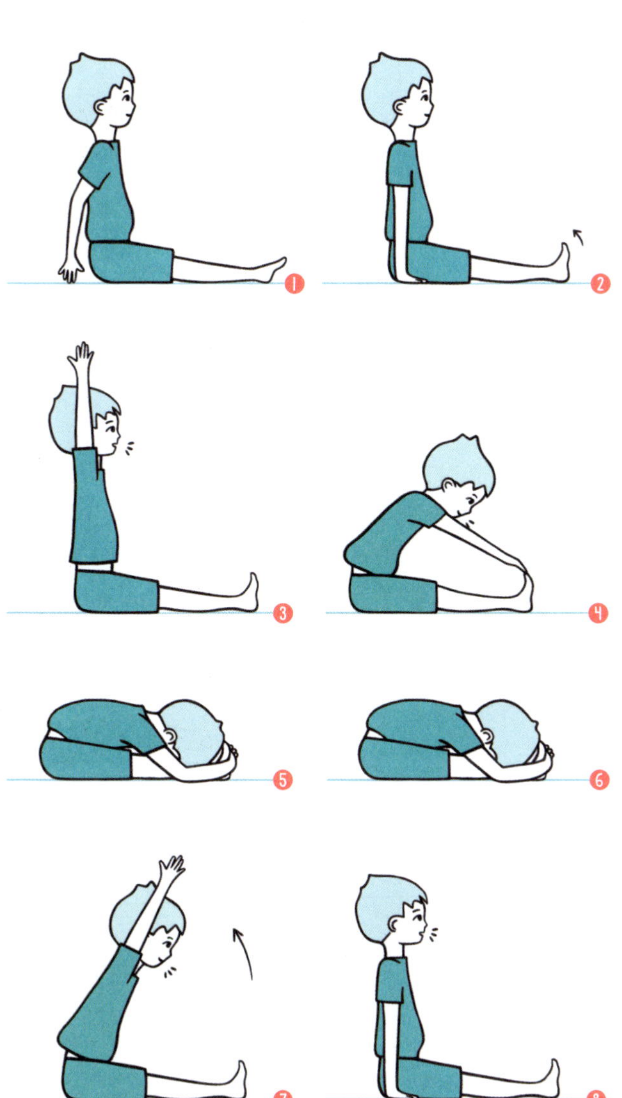

55 VORBEUGE MIT GESPREIZTEN BEINEN

Upavistha konasana

Diese Übung lockert den unteren Rücken Ihres Kindes, die Beinmuskeln und die Waden. Sie verbessert die Beweglichkeit der Hüft- und Schultergelenke.

1. Setzen Sie sich mit ausgestreckten Beinen auf den Boden.
2. Spreizen Sie die Beine und halten Sie die Knie gerade.
3. Beim Einatmen strecken Sie die Arme nach oben.
4. Beim Ausatmen beugen Sie sich vor und versuchen, mit den Händen jeweils Ihren großen Zeh zu erreichen.
5. Gelenkige Kinder können dabei mit der Stirn den Boden berühren.
6. Halten Sie die Position, während Sie bis drei zählen.
7. Beim Einatmen richten Sie sich wieder auf und heben die Arme.
8. Wiederholen Sie die Übung dreimal.

56 SCHILDKRÖTE Kurmasan

Diese Übung dehnt und lockert den unteren Rücken des Kindes. Sie öffnet die Schultern und Hüften und erleichtert Vorwärtsbeugen. Außerdem kräftigt sie die Rücken-, Schenkel- und Hüftmuskulatur.

1. Setzen Sie sich mit ausgestreckten Beinen auf den Boden.
2. Grätschen Sie die Beine so weit wie möglich und beugen Sie sie dann leicht.
3. Strecken Sie beide Arme und schieben Sie sie unter den Knien durch, wobei die Handflächen auf dem Boden aufliegen.
4. Beugen Sie sich vor, um mit dem Kinn den Boden zu berühren. Wenn Sie die Fersen nach vorn schieben, können Sie den Oberkörper leichter absenken.
5. Versuchen Sie, die Position ein paar Sekunden lang zu halten, während Sie normal weiteratmen.
6. Kehren Sie langsam in die Ausgangsposition zurück.
7. Wiederholen Sie die Übung dreimal.

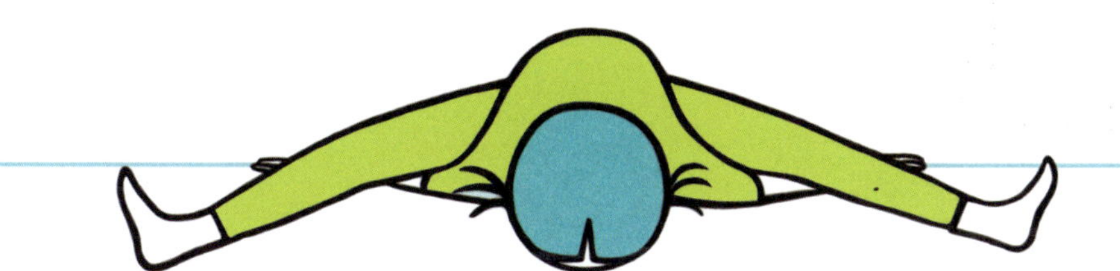

57 PFEIL UND BOGEN

Akarna dhanurasana

fortgeschritten

Da die Nerven des großen Zehs mit den Bauchnerven verbunden sind, wirkt sich diese Übung sehr positiv auf den Bauch aus. Außerdem lockert sie die Hüften, kräftigt die Arme und schult den Gleichgewichtssinn des Kindes.

1. Setzen Sie sich mit ausgestreckten Beinen auf den Boden.
2. Beugen Sie das linke Bein und ziehen Sie das Knie zum Oberkörper.
3. Umfassen Sie den linken großen Zeh mit der linken Hand und ziehen Sie den Fuß möglichst bis zum linken Ohr.
4. Mit der rechten Hand umfassen Sie, wenn möglich, den rechten großen Zeh. Versuchen Sie, die Position zu halten und dabei normal weiterzuatmen.
5. Wechseln Sie dann zur anderen Seite.

Zum Üben kann Ihr Kind den Fuß auch sanft mit beiden Händen zum Ohr ziehen.

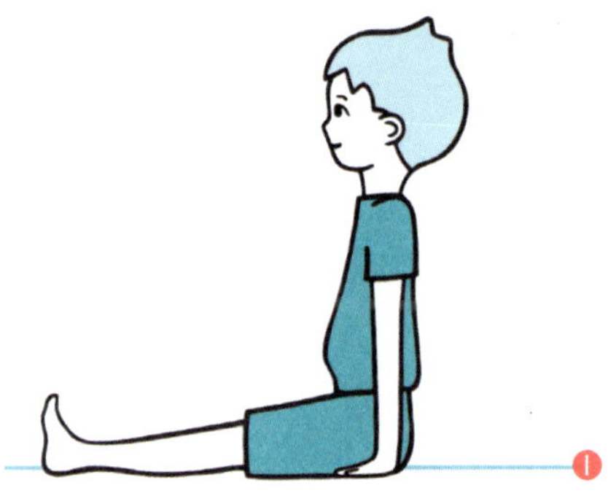

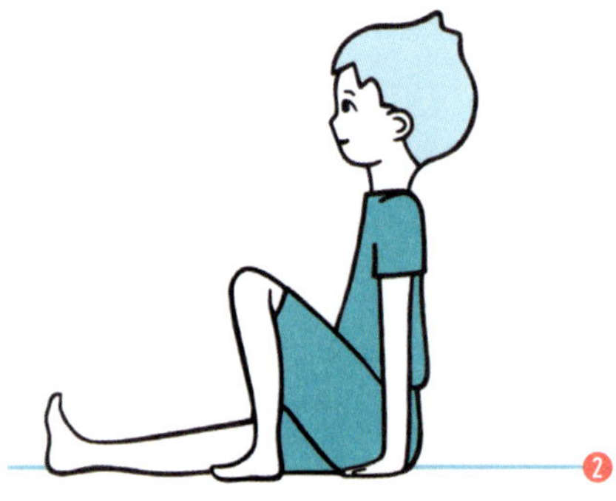

58 REIHER Krounchasana

Diese Übung dehnt die hinteren Oberschenkelmuskeln des Kindes und stimuliert die Bauchorgane und das Herz.

1. Setzen Sie sich mit ausgestreckten Beinen auf den Boden.
2. Beugen Sie das rechte Bein und legen Sie den Fuß an die rechte Hüfte.
3. Umfassen Sie den linken Fuß mit beiden Händen.
4. Heben Sie langsam das linke Bein, das gestreckt bleiben soll.
5. Versuchen Sie, das Bein mit der Stirn zu berühren. Halten Sie die Stellung des Reihers ein paar Sekunden lang und atmen Sie dabei normal weiter.
6. Wechseln Sie dann zum anderen Bein.

59 BOOT *Navasana*

Diese Übung stärkt den Rücken, die Bauchmuskeln und die Beugemuskeln der Hüften, außerdem schult sie das Gleichgewicht und die Konzentrationsfähigkeit des Kindes.

1. Setzen Sie sich mit ausgestreckten Beinen und geschlossenen Füßen auf den Boden.
2. Beugen Sie die Beine und ziehen Sie die Knie zum Oberkörper.
3. Strecken Sie die Arme auf der Höhe der Knie nach vorn.
4. Neigen Sie sich leicht nach hinten.
5. Strecken Sie die Beine, die Füße heben vom Boden ab, und zeigen Sie dabei mit den Zehen nach oben.
6. Halten Sie diese Position in V-Form ein paar Sekunden lang und atmen Sie normal weiter.
7. Kommen Sie wieder mit angezogenen Beinen in die Sitzposition.
8. Strecken Sie die Beine und kehren Sie in die Ausgangsposition zurück.
9. Wiederholen Sie die Übung dreimal.

Sie können Ihrem Kind helfen, die Pose zu halten.

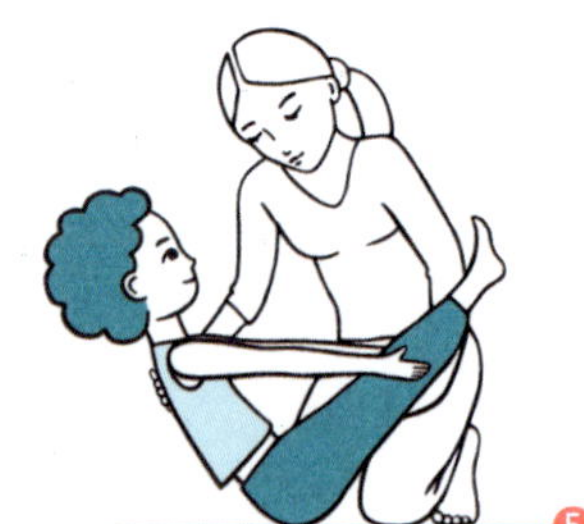

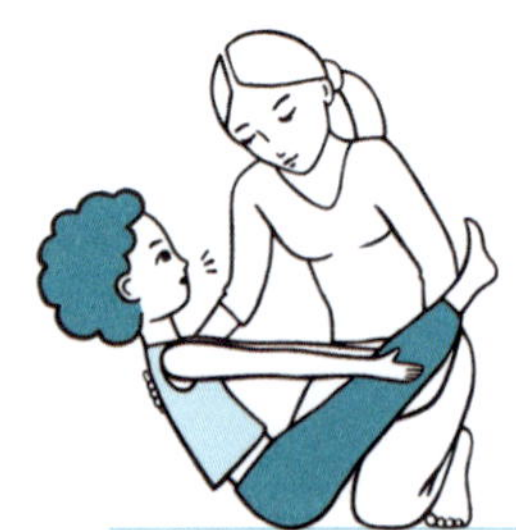

60 SCHMETTERLING *Baddha konasana*

Mithilfe dieser Übung kann Ihr Kind die Wirbelsäule und die Muskeln an den Oberschenkelinnenseiten und Leisten dehnen. Außerdem lockert sie die Bänder und Muskeln im Bereich des Beckens.

1. Setzen Sie sich mit ausgestreckten Beinen und geschlossenen Füßen auf den Boden.
2. Ziehen Sie beide Füße so nah wie möglich an den Körper, wobei die Fußsohlen fest auf dem Boden liegen.
3. Legen Sie die Fußsohlen aneinander und öffnen Sie die Beine in Richtung des Bodens. Verschränken Sie die Finger und umfassen Sie mit den Händen die Zehen. Halten Sie die Wirbelsäule ganz gerade.
4. Halten Sie die Position so lange, wie es Ihnen oder Ihrem Kind möglich ist, und atmen Sie mehrmals tief durch. Wiederholen Sie die Übung dreimal.
5. Dynamischere Variante: Nachdem Sie die Position gehalten haben, bewegen Sie die Beine wie Schmetterlingsflügel auf und ab.

61 DREHSITZ

Ardha matsyendrasana

Diese Übung dehnt die Rückenmuskeln und lockert die Wirbelsäule des Kindes. Sie stimuliert den Magen, den Darm und die Nieren und fördert die Verdauung.

1. Setzen Sie sich mit ausgestreckten Beinen auf den Boden.
2. Winkeln Sie das rechte Bein an und setzen Sie den rechten Fuß außen neben das linke Knie.
3. Winkeln Sie das linke Bein an und schieben Sie den linken Fuß rechts neben die Hüfte.
4. Drehen Sie den Oberkörper so weit wie möglich nach rechts.
5. Umfassen Sie mit der linken Hand den rechten Knöchel, wobei sich der linke Ellbogen außen ans rechte Knie stützt. Der rechte gestreckte Arm ist auf einer Linie mit dem Körper und dient als Stütze nach hinten. Der Kopf ist zur rechten Schulter gedreht. Halten Sie die Position ein paar Sekunden lang und atmen Sie dabei normal weiter.
6. Wiederholen Sie die Übung mit andersherum gekreuzten Beinen und drehen Sie den Oberkörper nach links.

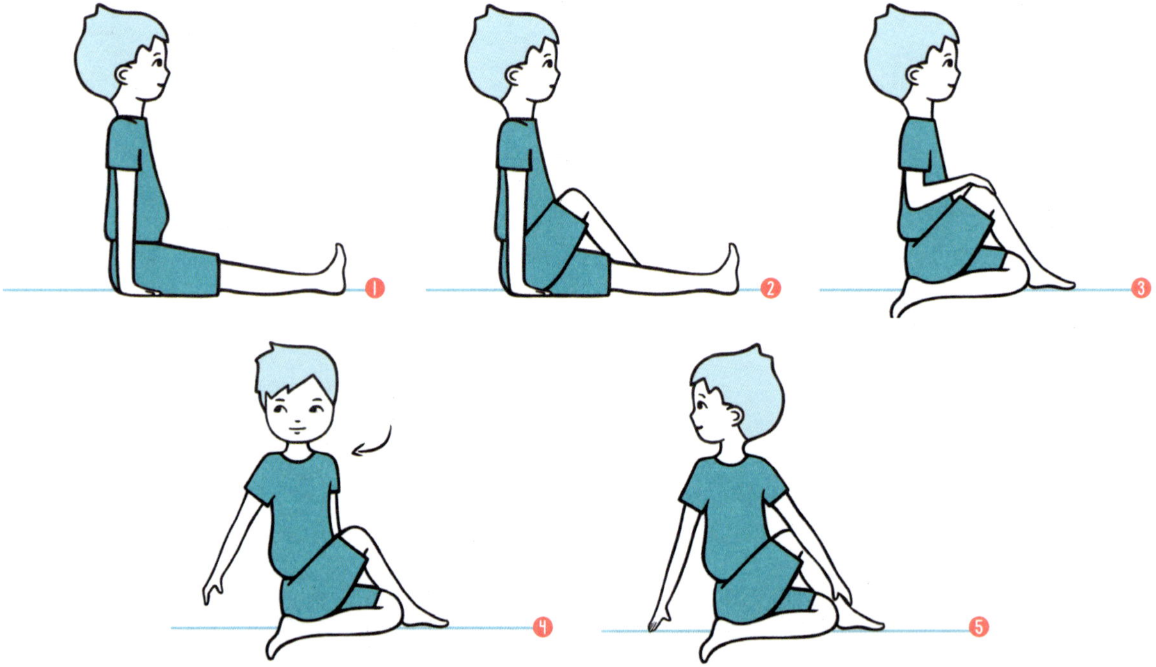

62 KUHKOPF Gomukhasana

Diese Übung entlastet und lockert die Schultern des Kindes. Sie kräftigt die Rückenmuskulatur und hilft bei der geraden Ausrichtung der Wirbelsäule. Außerdem beugt sie Ischiasschmerzen vor.

1. Diese Übung können Sie im Stehen oder Sitzen ausführen. Im Sitzen strecken Sie die Beine vor sich aus.
2. Winkeln Sie das rechte Bein an und legen Sie den Fuß außen ans linke Knie.
3. Winkeln Sie das linke Bein an und legen Sie den linken Fuß neben die rechte Hüfte.
4. Versuchen Sie, den rechten Fuß so nah wie möglich an die linke Hüfte zu legen.
5. Ob Sie diese sitzende Position eingenommen haben oder stehen, heben Sie den rechten Arm und winkeln Sie ihn beim Einatmen hinter dem Kopf nach unten an. Beugen Sie den linken Arm hinter dem Rücken und greifen Sie damit nach der rechten Hand. Atmen Sie ein paar Sekunden lang normal weiter (mindestens drei Sekunden lang).
6. Kehren Sie in die Ausgangsposition zurück und wiederholen Sie die Übung mit dem anderen Arm bzw. dem anderen Bein oben. Meist fällt einem die eine Seite leichter als die andere.

63 KAMEL *Ustrasana*

Diese Übung kräftigt und lockert die Wirbelsäule, die Schenkel und die Hüften Ihres Kindes. Sie verbessert die Beweglichkeit der Schultergelenke und dehnt den Oberkörper und die Bauchorgane.

1. Knien Sie sich gemeinsam hin.
2. Schieben Sie die Hüften nach vorn und neigen Sie sich leicht nach hinten.
3. Legen Sie die linke Hand an den linken Knöchel und die rechte Hand an den rechten Knöchel.
4. Biegen Sie den Rücken ganz langsam nach hinten.
5. Halten Sie die Position, während Sie bis drei zählen, und atmen Sie dabei tief durch.
6. Verlassen Sie die Pose, indem Sie das Körpergewicht nach vorn verlagern und dabei erst die eine und dann die andere Hand loslassen.
7. Wiederholen Sie die Übung dreimal.

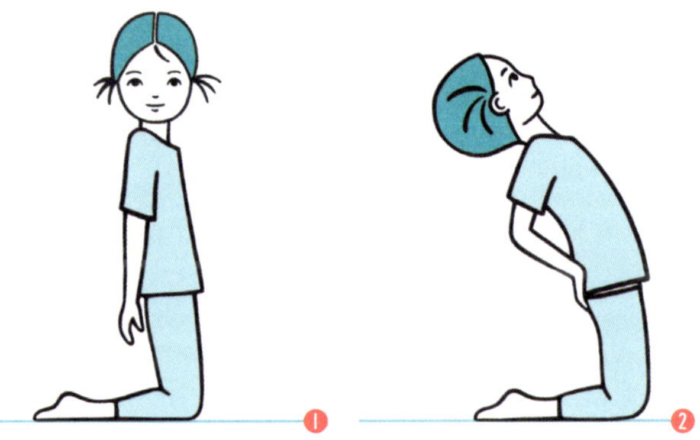

64 KIND *Balasana*

Diese Übung lockert den Rücken, die Beinmuskeln und die Knöchel. Das Kind kann sich dabei ganz entspannen.

1. Knien Sie sich hin und setzen Sie sich auf die Fersen.
2. Beugen Sie sich vor, sodass Sie mit der Stirn den Boden berühren.
3. Lassen Sie die Arme neben dem Körper liegen.
4. Halten Sie die Position ein paar Sekunden lang und atmen Sie dabei normal weiter.
5. Wiederholen Sie die Übung dreimal.

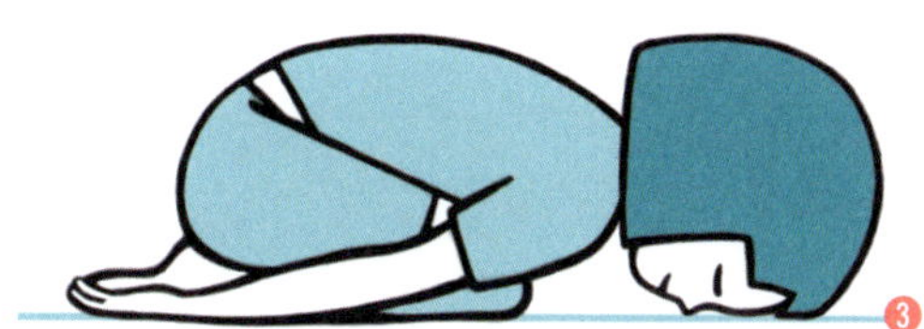

Diese Übung dehnt die Rückenmuskeln und lockert die Wirbelsäule des Kindes.

1. Knien Sie sich hin und setzen Sie sich auf die Fersen.
2. Beugen Sie sich nach vorn und stützen Sie sich auf die Unterarme, wobei die Hände flach auf dem Boden liegen.
3. Heben Sie den Kopf und schauen Sie geradeaus wie ein Frosch. Halten Sie die Position ein paar Sekunden lang und atmen Sie dabei normal weiter.

66 TAUBE

Ekapada raja kapotasana

mittel

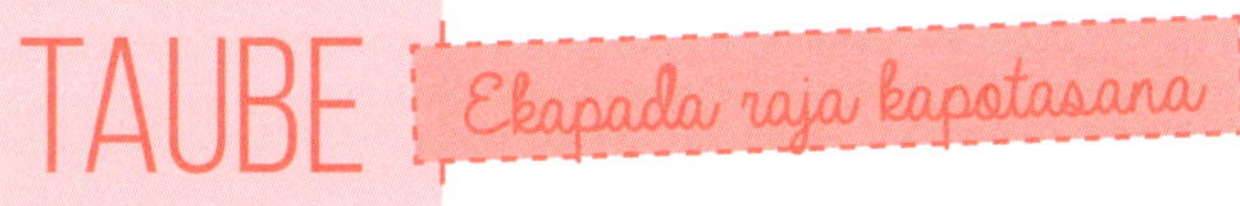

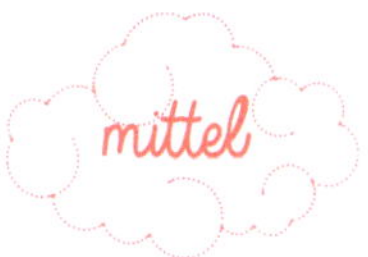

Diese Übung dehnt die Schenkel, den Bauch, den Oberkörper und den Hals Ihres Kindes. Sie fördert die Dehnbarkeit der Beinmuskulatur und öffnet die Hüften sowie den Brustkorb, außerdem verbessert sie die Funktion der Lunge.

1. Gehen Sie auf alle viere.
2. Winkeln Sie das rechte Bein an und legen Sie den Fuß neben den linken Schenkel.
3. Schieben Sie den linken Fuß mit gestrecktem Bein weit nach hinten. Der rechte Fuß liegt zwischen dem linken Schenkel und der linken Hand.
4. Bringen Sie die Hände nun näher an den Körper und finden Sie Ihr Gleichgewicht, wobei Sie den Rücken gerade halten. Schauen Sie geradeaus und atmen Sie mindestens dreimal ein und aus.
5. Wiederholen Sie die Übung auf der anderen Seite.

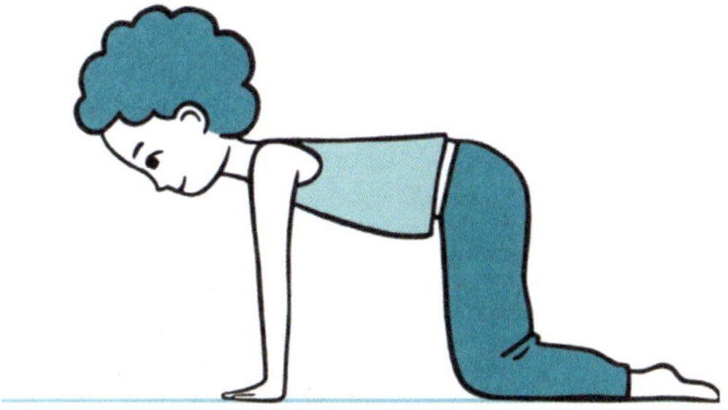
1

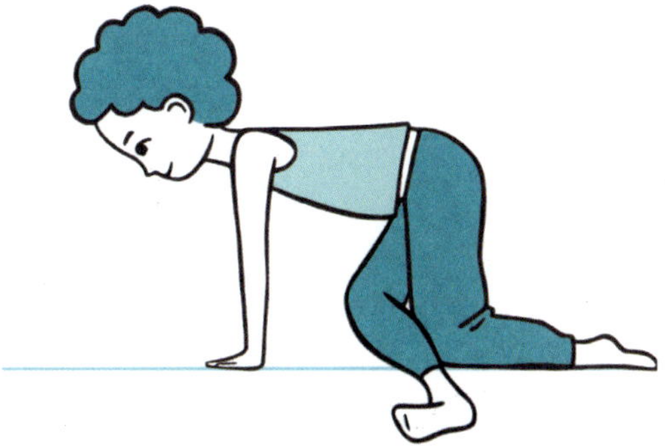
2

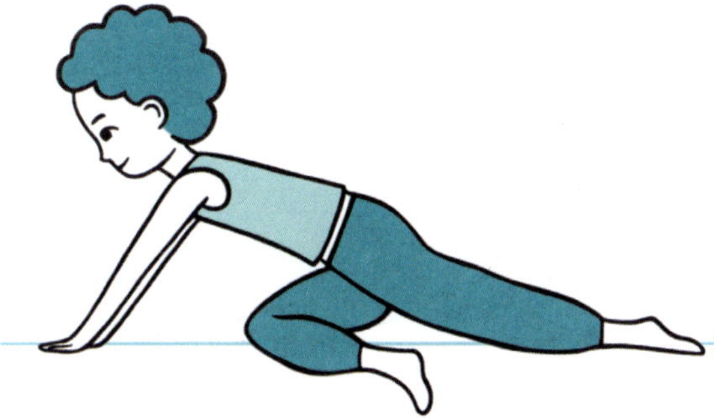
3

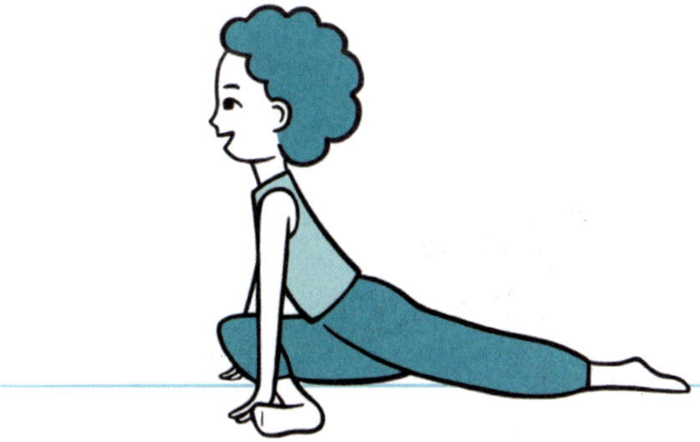
4

67 EIDECHSE

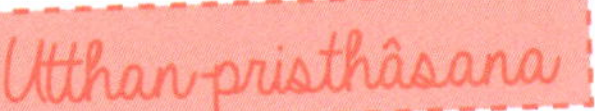

Diese Übung hilft dem Kind, den Oberkörper zu öffnen, und kräftigt die Schenkel, Beine und Hüften. Sie unterstützt die Öffnung des Beckens und lockert die Knie, Handgelenke und Ellbogen.

1. Gehen Sie auf alle viere.
2. Stellen Sie den linken Fuß außen neben die linke Hand.
3. Strecken Sie das rechte Bein nach hinten.
4. Beugen Sie die Ellbogen und legen Sie die Unterarme auf dem Boden ab.
5. Legen Sie den Bauch so dicht wie möglich an den Boden, wie eine Eidechse in der Sonne. Halten Sie die Pose ein paar Sekunden lang und atmen Sie dabei normal weiter.
6. Wiederholen Sie die Übung noch einmal auf der anderen Seite.

Wie die stehenden und sitzenden Positionen kann man auch die liegenden (Übungen 67 bis 83) nacheinander ausführen, mit Varianten, bei denen Sie sich nach vorn oder nach hinten beugen, die Wirbelsäule drehen oder die Beine spreizen. Bei den liegenden Positionen geht es hauptsächlich darum, die Wirbelsäule zu lockern und den Körper zu entspannen, insbesondere den Rumpf (Krokodil, S. 85, und Happy Baby, S. 94). Es ist empfehlenswert, sie auf einer Matte, auf einem festen und flachen Untergrund (nicht auf dem Bett) auszuführen.

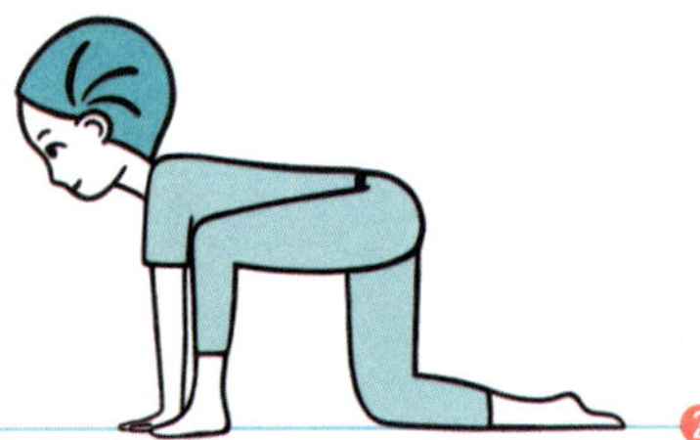

68 BRETT *Kumbhakasana*

Diese Übung stärkt die Wirbelsäule des Kindes. Außerdem kräftigt sie die Schultern, Arme, Handgelenke und Bauchmuskeln, den Po und die Schenkel.

1. Legen Sie sich auf den Bauch.

2. Legen Sie die Hände flach neben die Schultern.

3. und 4. Stützen Sie sich auf die Hände, um den ganzen Oberkörper anzuheben. Die Arme sind gestreckt und der Körper soll vom Kopf bis zu den Füßen eine gerade Linie bilden, wie ein Brett.

5. Atmen Sie normal weiter und halten Sie die Position einige Sekunden lang (fünf bis zehn Sekunden).

69 HALBE HEUSCHRECKE

Ardha salabhasana

Bei dieser Übung kann das Kind seinen Rücken gut spüren. Sie kräftigt ihn und stimuliert die Bauchorgane. Außerdem stärkt sie die Muskeln im Hals, in den Beinen und Schenkeln und festigt die Arme, den Po und die Beine.

1. Legen Sie sich auf den Bauch, mit den Armen neben dem Körper und der Stirn auf dem Boden.
2. Heben Sie leicht den Kopf, um das Kinn auf dem Boden abzulegen. Schauen Sie geradeaus.
3. Beim Einatmen heben Sie einen Fuß und strecken Sie das Bein, ohne das Knie oder den Knöchel zu beugen. Der übrige Körper bleibt flach auf dem Boden liegen.
4. Versuchen Sie, die Position ein paar Sekunden lang zu halten, und atmen Sie dabei normal weiter.
5. Beim Ausatmen legen Sie den Fuß wieder auf den Boden.
6. Wiederholen Sie die Übung mit dem anderen Bein.

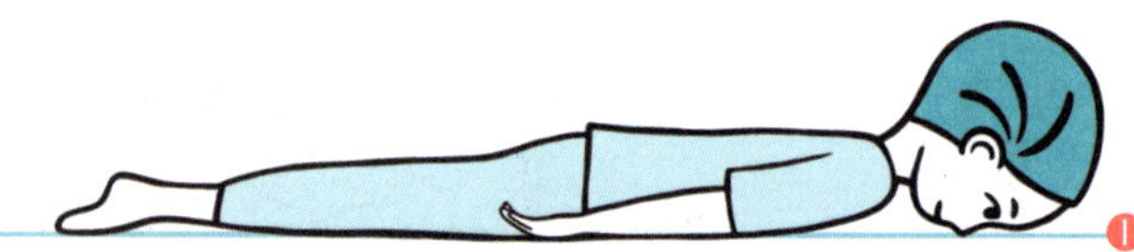

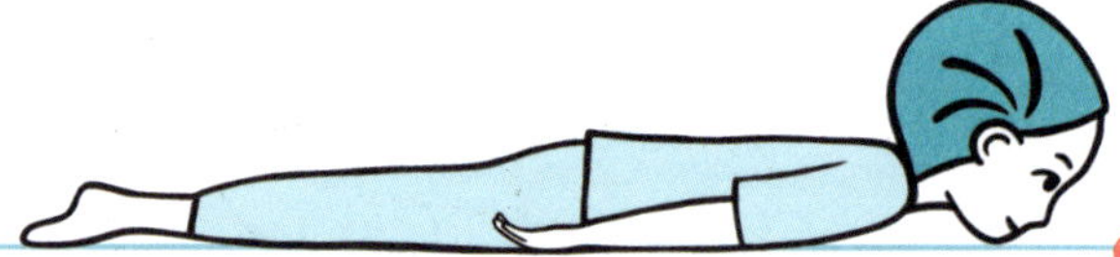

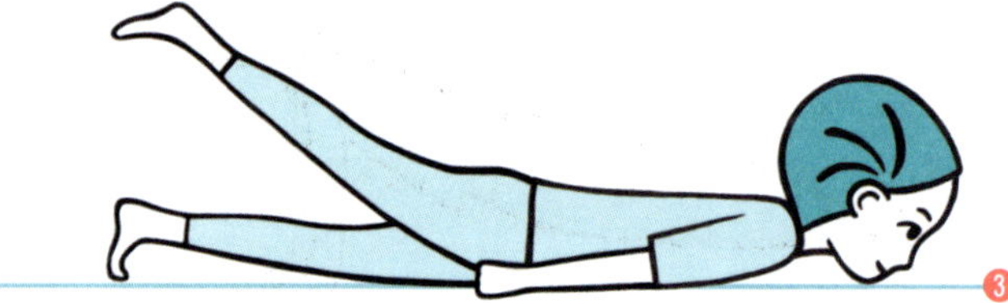

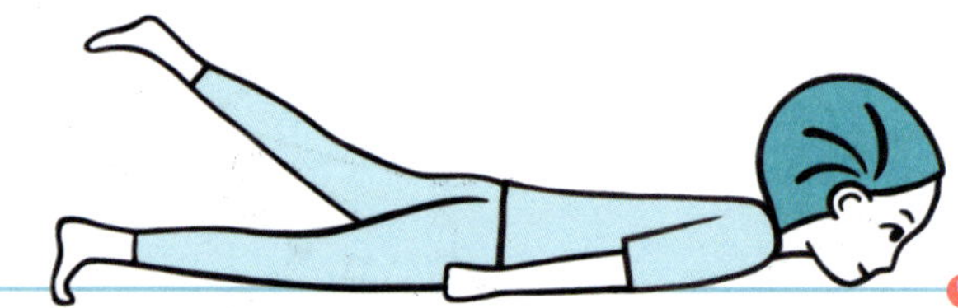

70 HEUSCHRECKE *Salabhasana*

Diese Übung kräftigt den unteren Rücken, den Bauch, die Schenkel, die Arme und den Hals Ihres Kindes.

1. Legen Sie sich auf den Bauch.

2. Legen Sie die Arme neben den Körper, mit den Handflächen nach oben.

3. und 4. Beim Einatmen heben Sie die geschlossenen Beine, den Oberkörper und die Arme. Heben Sie den Kopf und schauen Sie, wenn möglich, geradeaus.

5. Beim Ausatmen legen Sie die Füße, den Oberkörper und die Arme vorsichtig wieder auf dem Boden ab.

6. Wiederholen Sie die Übung dreimal.

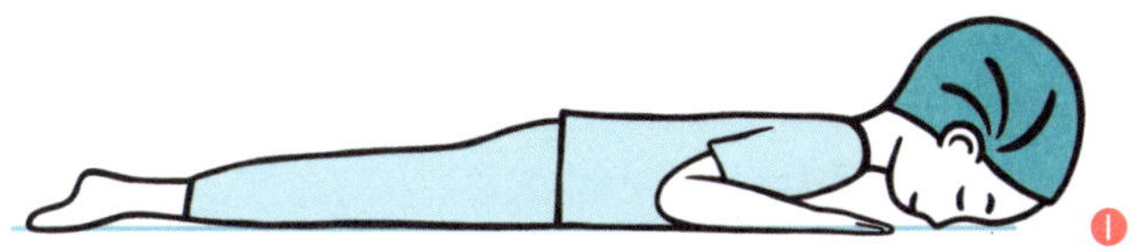

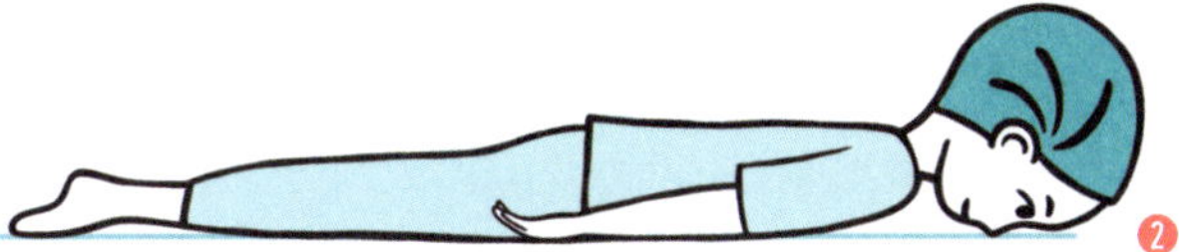

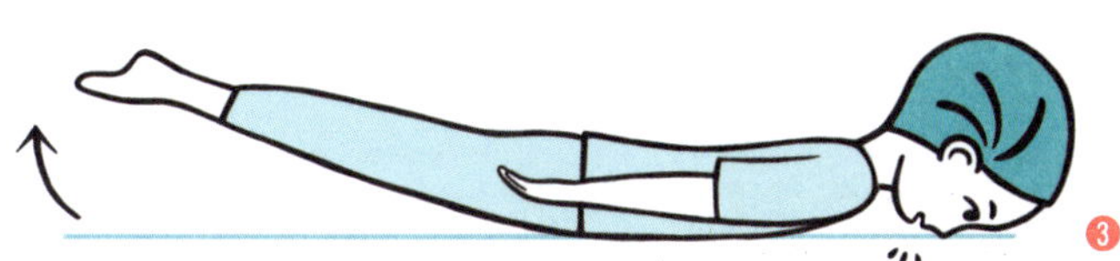

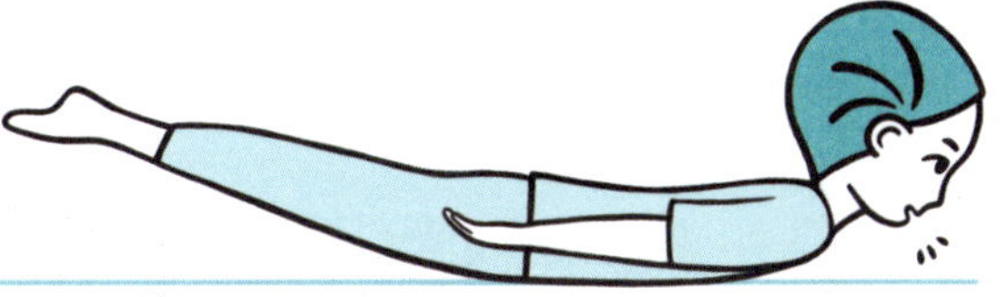

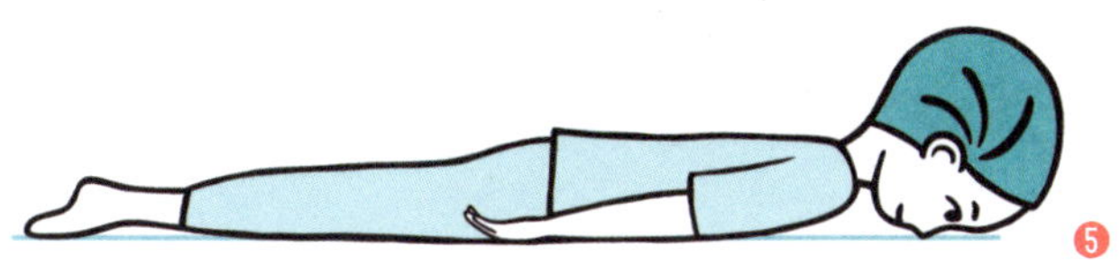

71 UMGEDREHTES BOOT

Viparita navasana

Diese Übung lockert die Hüften, die Gelenke und die Wirbelsäule, indem sie sie ausruhen lässt. Sie kräftigt die Rückenmuskeln und öffnet den Oberkörper. Zudem befreit sie die Atmung, das Zwerchfell und den Solarplexus. Da sie beim richtigen Atmen hilft, wird sie auch für gestresste, angespannte und nervöse Kinder empfohlen.

1. Legen Sie sich auf den Bauch, mit der Stirn auf dem Boden.
2. Strecken Sie die Arme nach vorn über den Kopf.
3. Beim Einatmen heben Sie die Beine und die Arme. Halten Sie den Atem an und suchen Sie in dieser Bootposition das Gleichgewicht auf dem Bauch.
4. Beim Ausatmen kommen Sie in die Ausgangsposition zurück.

72 KOBRA

Bhujangasana

Diese Übung stärkt die Wirbelsäule und die Gesäßmuskulatur Ihres Kindes. Sie trainiert die Brust, die Lunge, die Schultern und den Bauch.

1. Legen Sie sich auf den Bauch und drücken Sie die Beine aneinander.

2. Legen Sie die Hände neben die Schultern und die Stirn auf den Boden.

3. und 4. Beim Einatmen heben Sie den Oberkörper und schauen Sie nach oben.

5. und 6. Beim Ausatmen kehren Sie in die Ausgangsposition zurück und legen Sie die Stirn wieder auf dem Boden ab.

7. Wiederholen Sie diese Übung dreimal.

Kinder können mit leicht gebeugten Armen geradeaus oder mit gestreckten Armen nach oben schauen. Die Jüngsten können auch das Zischen einer Kobra imitieren.

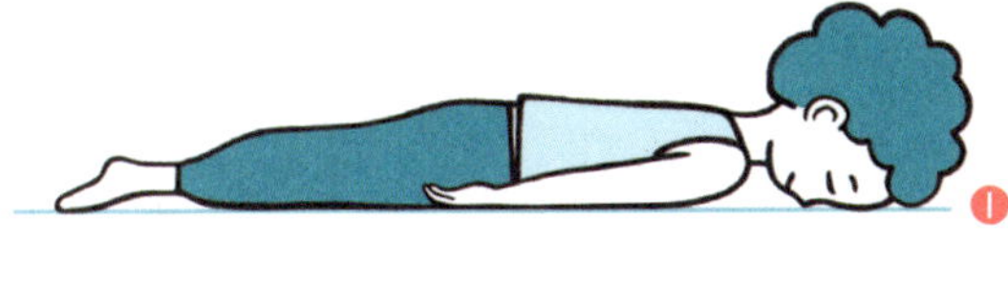

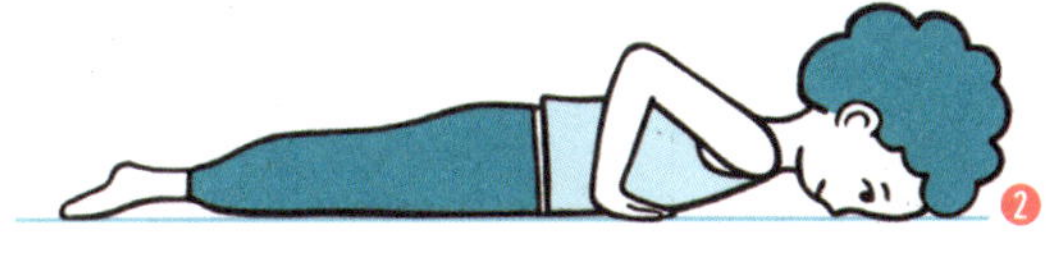

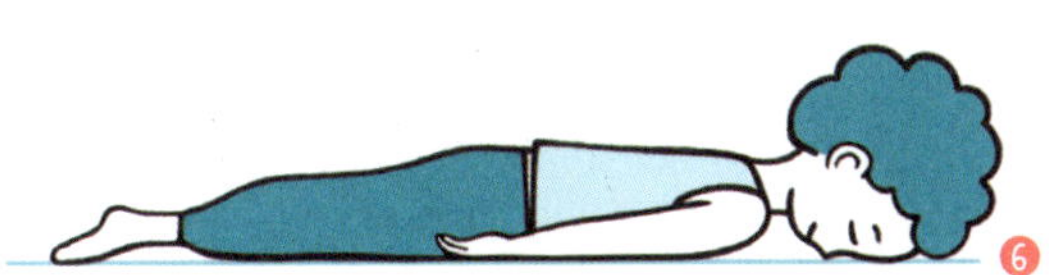

73 BOGEN Dhanurasana

Diese Übung kräftigt den unteren Rücken, den Bauch, die Schenkel, die Arme und den Hals des Kindes. Sie verbessert die Biegsamkeit der Wirbelsäule und die Mobilität der Hüften und der Schultern. Außerdem massiert sie die Bauchorgane.

1. Legen Sie sich auf den Bauch. Die Füße sind gestreckt, die Arme liegen neben dem Körper.
2. Beim Einatmen winkeln Sie die Beine an und heben Sie die Fersen zum Po.
3. Umfassen Sie die Knöchel mit den Händen.
4. Heben Sie den Kopf, den Oberkörper u nd die Schenkel und schauen Sie dann geradeaus.
5. Der Körper nimmt die Form eines Bogens ein.
6. Atmen Sie aus und kehren Sie in die Ausgangsposition zurück.
7. Wiederholen Sie die Übung dreimal.

Sie können Ihrem Kind helfen, die Pose zu halten.

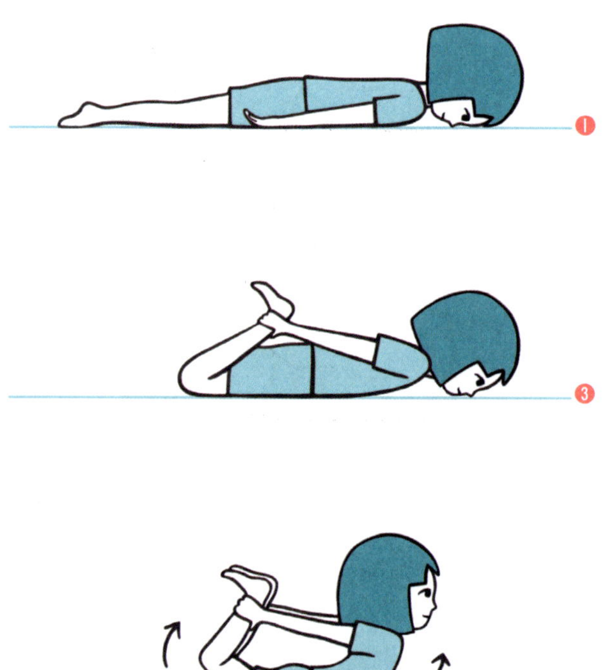

74 KROKODIL Makarasana

Diese Übung tut der Wirbelsäule und daher auch dem Nervensystem gut. Sie dehnt die Rücken- und Gesäßmuskulatur und hilft Ihrem Kind, sich zu entspannen und einzuschlafen.

1. Legen Sie sich mit der Stirn auf dem Boden auf den Bauch.

2. Heben Sie den Kopf, winkeln Sie die Arme an und legen Sie die Hände so aneinander, dass sie ein V bilden. Lassen Sie das Kinn in den Händen ruhen und strecken Sie die Beine. Die Fußsohlen zeigen nach oben.

3. Öffnen Sie die Beine leicht. Drehen Sie die Füße nach außen und versuchen Sie, die Fersen auf den Boden zu legen. Legen Sie die Arme übereinander, um die Stirn darauf ruhen zu lassen. Atmen Sie eine Weile normal weiter.

4. Schließen Sie die Beine wieder und stehen Sie dann langsam auf.

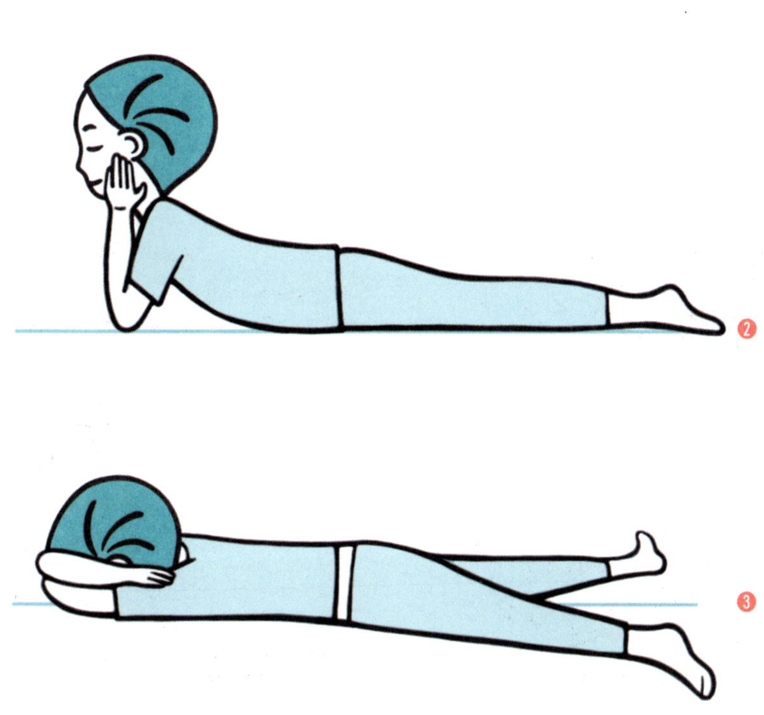

75 SEITENLAGE MIT GEHOBENEM BEIN

Ananthasana

Diese Übung lockert die Beine. Sie unterstützt den Kreislauf, ist besonders gut für das Herz und allgemein wohltuend für Kinder. Zudem fördert sie die Verdauung.

1. Legen Sie sich zuerst auf den Rücken und drehen Sie sich dann auf die linke Seite.
2. Winkeln Sie den linken Arm an und stützen Sie den Kopf auf die linke Hand.
3. Ziehen Sie das rechte Bein mit gebeugtem Knie an und umfassen Sie den großen Zeh des rechten Fußes.
4. Beim Einatmen strecken Sie das Bein nach oben. Atmen Sie dreimal ein und aus.
5. Beim Ausatmen legen Sie den Fuß wieder auf den Boden.
6. Wechseln Sie dann die Seite und das Bein.

Das Kind kann diese Übung an einer Wand machen, um das Gleichgewicht besser halten zu können. Wenn es Schwierigkeiten hat, den großen Zeh des gestreckten Beins festzuhalten, kann es auch einfach den Knöchel oder die Wade umfassen.

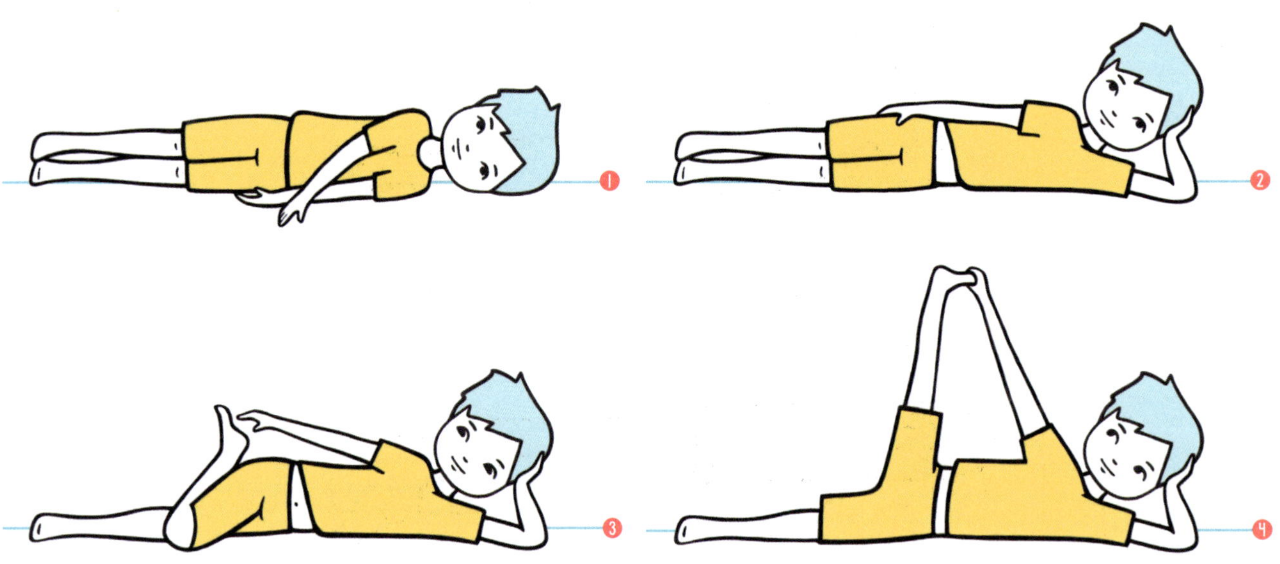

76 FISCH (GEDREHTE VARIANTE)

Supta matsyendrasana

Diese Übung dehnt die Rücken- und Gesäßmuskulatur des Kindes. Sie entspannt die Hüftgelenke und den Rücken und hilft der Wirbelsäule, sich zu strecken und wieder gerade auszurichten. Die Drehung massiert den Darm und verbessert dadurch auch die Verdauung.

1. Legen Sie sich auf den Rücken und strecken Sie die Arme zu beiden Seiten aus (rechtwinklig zum Körper).
2. Drehen Sie das Becken nach links und halten Sie das Bein gestreckt. Legen Sie den rechten Fuß in die Nähe der linken Hand, sodass Sie oder Ihr Kind (wenn möglich) den großen Zeh greifen können.
3. Drehen Sie sanft den Kopf nach rechts. Atmen Sie mehrere Sekunden lang tief ein und aus.
4. Kehren Sie in die Ausgangsposition zurück und wiederholen Sie die Übung zur anderen Seite.

Wenn Ihr Kind Schwierigkeiten hat, seinen großen Zeh zu erreichen, kann es das Knie beugen.

Diese Übung verbessert die Biegsamkeit der Wirbelsäule und kräftigt den unteren Rücken, den Hals, die Schultern und die Arme des Kindes.

1. Legen Sie sich auf den Rücken. Die Beine sind ausgestreckt, die Arme liegen neben dem Körper.

2. bis 4. Beim Einatmen heben Sie die Brust, schieben Sie die Schulterblätter zueinander und legen Sie den Scheitel sanft auf den Boden. Stützen Sie sich dabei auf die Ellbogen und Unterarme.

5. Kommen Sie beim Ausatmen sanft in die Liegeposition zurück. Wiederholen Sie die Übung dreimal.

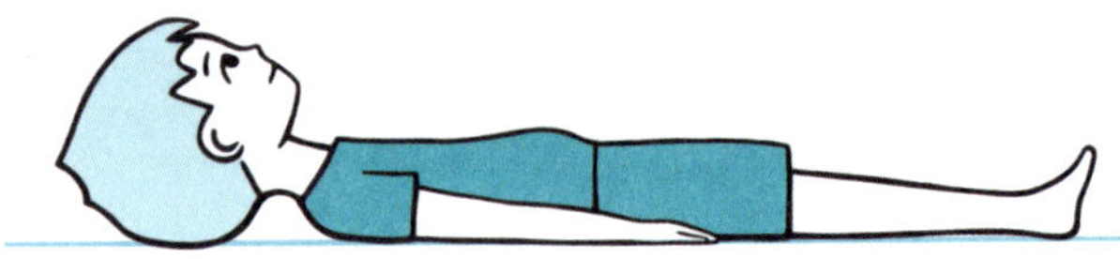

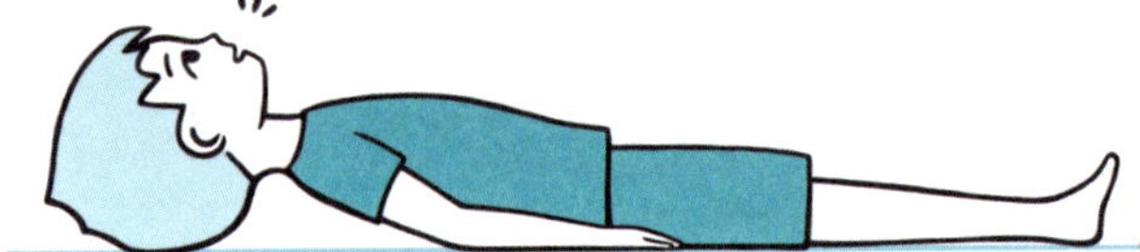

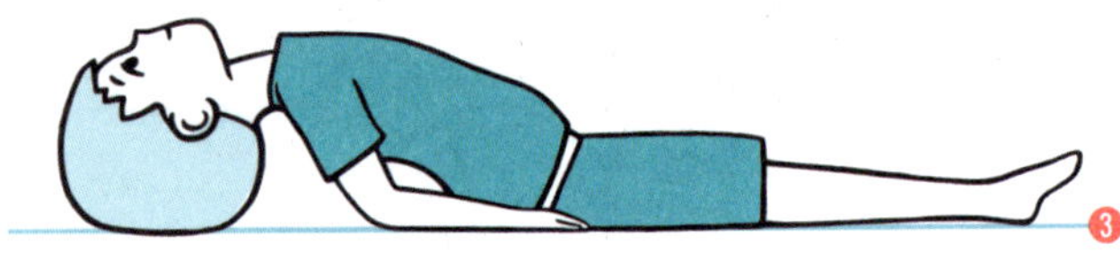

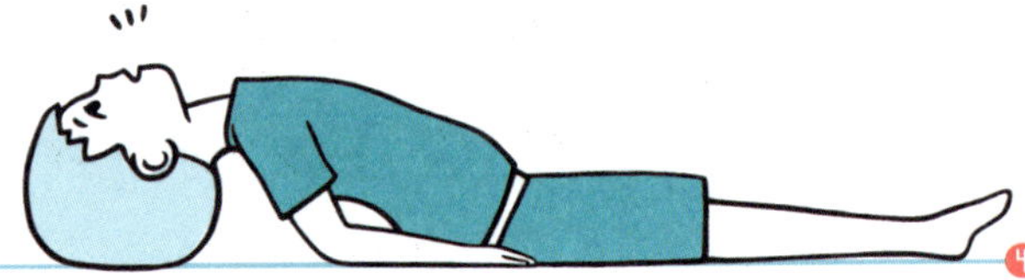

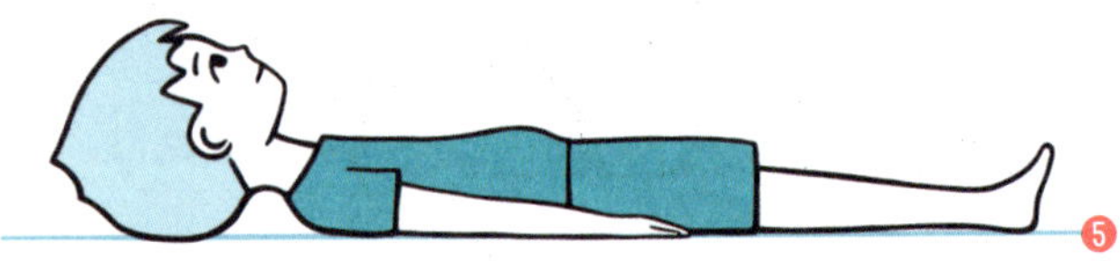

78 BRÜCKE

Setu bandha sarvangasana

Diese Übung stärkt die Rückenmuskulatur des Kindes und lockert die Wirbelsäule. Sie öffnet den Oberkörper und dehnt den Hals und den Rücken. Da sie die Lunge, die Schilddrüse und die Bauchorgane stimuliert, fördert sie die Verdauung. Außerdem verbessert sie die Durchblutung des Gehirns.

1. Legen Sie sich auf den Rücken und winkeln Sie die Beine an, sodass die Knie nach oben zeigen.

2. Umfassen Sie beide Knöchel mit den Händen. Atmen Sie ein und heben Sie dabei das Becken ganz hoch, um eine Brücke zu bilden. Biegen Sie den unteren Rücken so weit wie möglich durch und bewegen Sie den Oberkörper zum Kinn.

3. Lassen Sie, wenn möglich, die Knöchel los und legen Sie die Hände flach auf den Boden (oder falten Sie sie unter dem Rücken). Versuchen Sie, die Position ein paar Sekunden lang zu halten, und atmen Sie dabei normal weiter.

4. Beim Ausatmen legen Sie sich wieder hin.

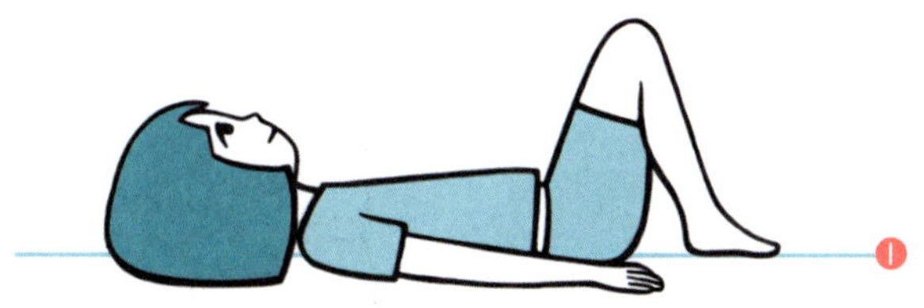

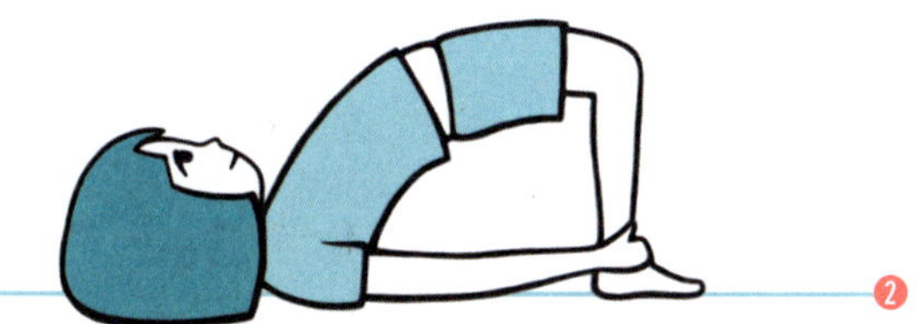

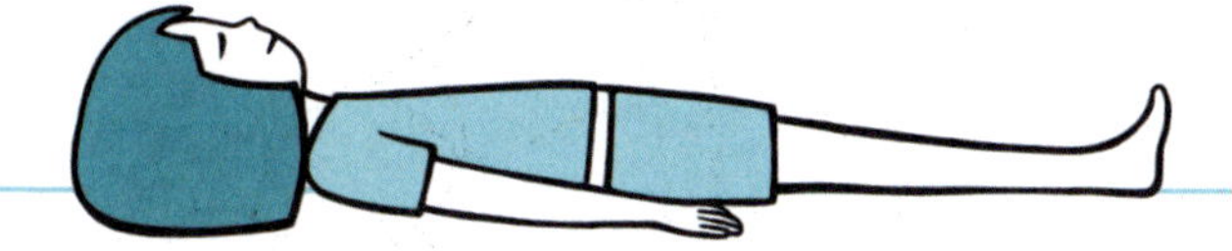

79

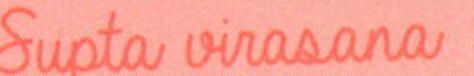

Diese Entspannungsposition dehnt und lockert den Bauch, die Schenkel, die Knie, die Knöchel und den Lendenbereich. Zudem verbessert sie die Verdauung. Da sie auch beim Abbauen von Spannungen hilft, ermöglicht sie Ihrem Kind, besser mit Stress umzugehen.

1. Setzen Sie sich mit angezogenen Beinen und geradem Rücken auf die Fersen.
2. Öffnen Sie die Beine und legen Sie die Füße jeweils neben die Schenkel. Setzen Sie sich mit dem Po auf den Boden.
3. Stützen Sie sich mit den Ellbogen vorsichtig nach hinten ab und legen Sie sich langsam hin.
4. Die Arme liegen auf dem Boden, über dem Kopf.
5. Versuchen Sie, die Pose ein paar Sekunden lang zu halten, und atmen Sie normal weiter.

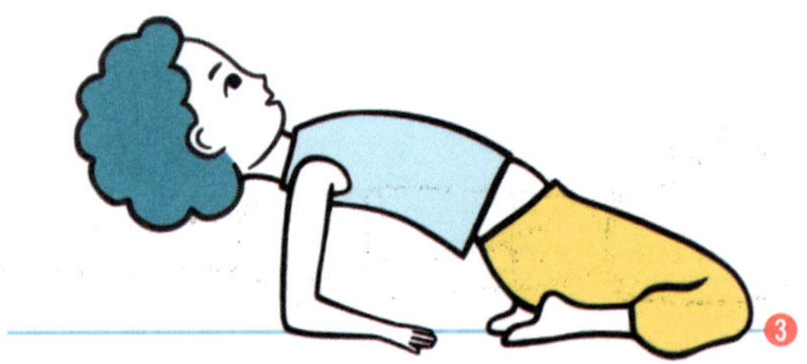

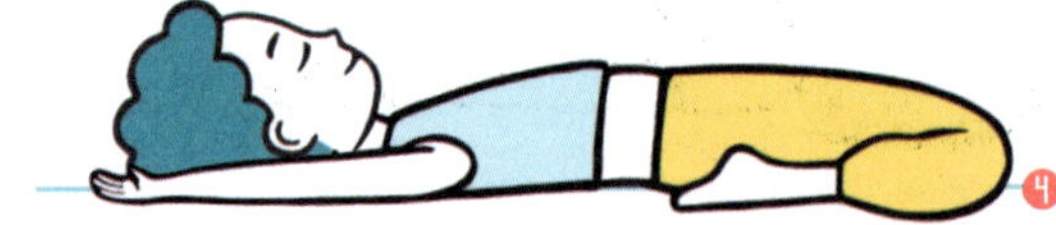

80 LIEGENDER SCHMETTERLING

mittel

Supta baddha konasana

Diese Übung hilft dem Kind, die Schultern, Leisten, Schenkel und Hüften zu öffnen, um die Wirbelsäule zu entspannen. Außerdem stimuliert sie den Verdauungsapparat und die Bauchorgane.

1. Setzen Sie sich mit geradem Rücken auf den Boden.
2. Winkeln Sie die Beine so an, dass Sie die Knie an den Oberkörper ziehen können.
3. Legen Sie sich dann vorsichtig auf den Rücken und halten Sie die Knie gebeugt.
4. Lassen Sie die Beine angewinkelt, legen Sie die Fußsohlen aneinander und öffnen Sie die Knie, wie ein ruhender Schmetterling die Flügel öffnet. Die Arme liegen entspannt an den Seiten.
5. Halten Sie die Position ein paar (mindestens drei) Atemzüge lang.

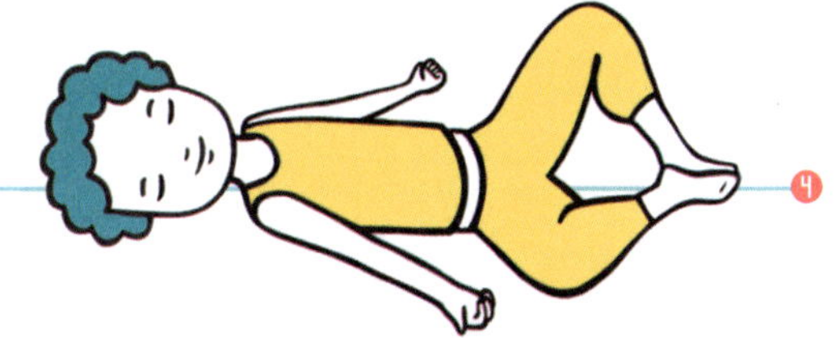

81 PFLUG *Halasana*

Diese Übung dehnt den unteren Rücken. Sie hilft Ihrem Kind, sich zu entspannen und innerlich zur Ruhe zu kommen, und verbessert dabei auch die Verdauung.

1. Setzen Sie sich mit ausgestreckten Beinen und geschlossenen Füßen auf den Boden.
2. Neigen Sie sich nach hinten und heben Sie gleichzeitig die Füße hoch.
3. Lassen Sie sich ganz nach hinten kippen und strecken Sie die gestreckten Beine über den Kopf, bis Sie mit den Fußspitzen hinter dem Kopf den Boden berühren.
4. Die Arme bleiben mit den Handflächen nach unten auf dem Boden liegen.
5. Halten Sie die Position ein paar Sekunden lang und atmen Sie dabei normal weiter.
6. Kommen Sie mit angewinkelten Beinen in die Sitzposition zurück.
7. Strecken Sie die Beine wieder.
8. Wiederholen Sie die Übung dreimal.

Für Fortgeschrittene:

9. Starten Sie aus der Liegeposition und bringen Sie dann die Füße hinter dem Kopf auf den Boden.

Sie können Ihrem Kind helfen, die Position zu halten.

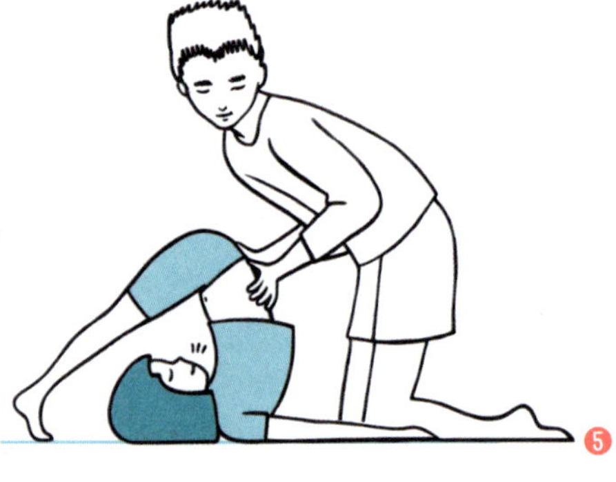

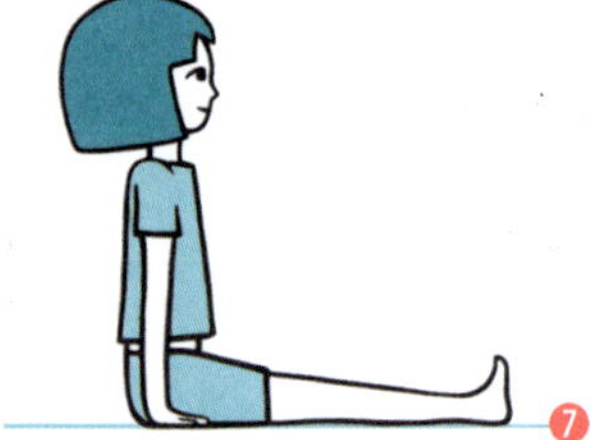

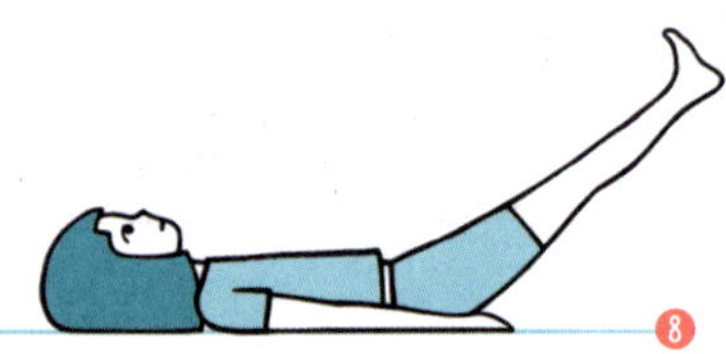

82 KNIE ZUM KINN *Apanasana*

Diese Übung dehnt den unteren Rücken. Sie hilft dem Kind, sich zu entspannen und innerlich zur Ruhe zu kommen, und verbessert dabei auch die Verdauung.

1. Legen Sie sich auf den Rücken.
2. Beugen Sie die Knie so, dass Sie sie beim Einatmen zur Brust ziehen können.
3. Umschließen Sie die Beine mit den Armen. Halten Sie die Position ein paar Sekunden lang.
4. Legen Sie beim Ausatmen die Beine wieder auf dem Boden ab.

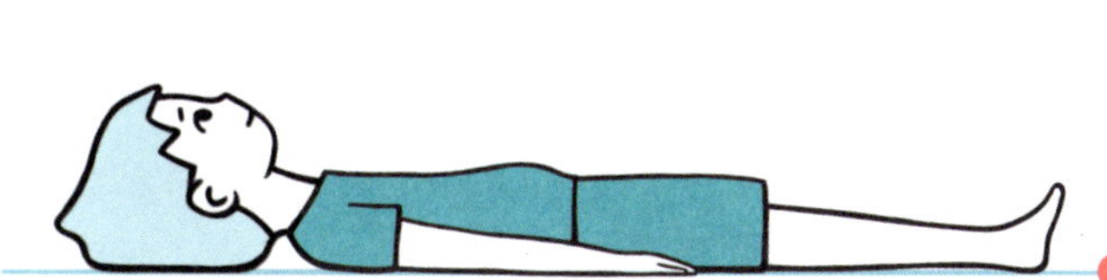

83

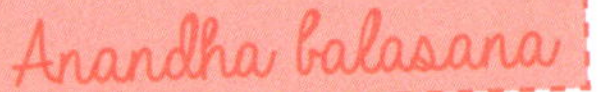

Diese Übung lockert die Hüften des Kindes. Sie hilft bei der Öffnung der Schultern, Leisten, Schenkel und Hüften. Zudem entspannt sie die Wirbelsäule sowie die Füße, Beine und Arme.

1. Legen Sie sich auf den Rücken und halten Sie die Füße nach oben, wobei die angewinkelten Knie am Oberkörper bleiben.
2. Umfassen Sie mit den Händen jeweils einen großen Zeh.
3. Lassen Sie die Füße oben und öffnen Sie die Beine, indem Sie die Knie zu den Achseln ziehen wie ein glückliches Baby.
4. Versuchen Sie, die Position ein paar Sekunden lang zu halten, und atmen Sie dabei normal weiter.

Vielleicht macht es Ihrem Kind auch Spaß, bei dieser Übung ein glückliches Baby zu imitieren.

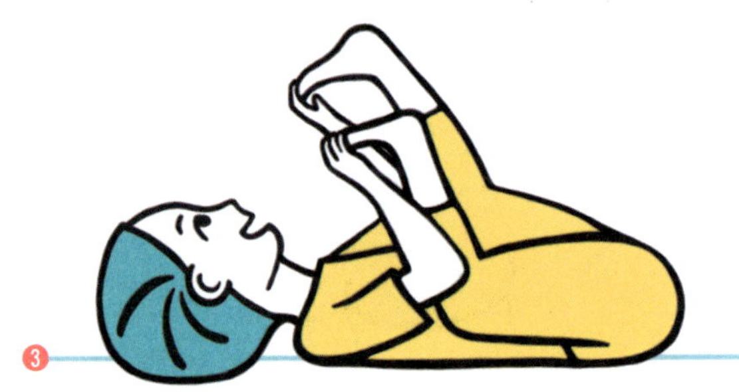

84 GIRLANDE
Malasana

Diese Übung macht die Knöchel des Kindes gelenkiger. Sie dehnt und kräftigt den Lendenbereich und den Rücken sowie den unteren Teil der Beine und die Halsmuskeln.

1. Stellen Sie sich mit leicht geöffneten Beinen hin.
2. Gehen Sie tief in die Hocke, als wollten Sie einen Frosch imitieren.
3. Legen Sie die Hände zur Namaskar-Mudra zusammen und drücken Sie beide Arme gegen die Knie.
4. Atmen Sie ein paar Sekunden lang normal weiter (mindestens 3 Sekunden lang).

In der Rubrik »Weitere Positionen« (Übungen 84 bis 95) werden Übungen vorgestellt, die verschiedene Körperteile und Organe fordern: Augen, Gesicht, Gehirn ... Die meisten Übungen werden für eine bessere Durchblutung des Gehirns mit dem Kopf nach unten ausgeführt. Bei diesen Umkehrpositionen ist es wichtig, dass sie unter Aufsicht eines Erwachsenen ausgeführt und die einzelnen Schritte genau befolgt werden. Die Übungen Rad und Kopfstand machen Kindern Spaß, eignen sich aber nur für Fortgeschrittene. Gesichts- und Augen-Yoga kann spielerisch praktiziert werden, mit entsprechenden Lauten und Grimassen.

85 TOR *Parighasana*

Diese Übung lockert den Rücken, die Hüften, die Wirbelsäule und die Schenkel. Sie stimuliert die Bauchorgane und die Lunge.

1. Knien Sie sich auf eine dicke Matte oder eine gefaltete Decke, um die Knie zu schonen.
2. Strecken Sie das linke Bein zur Seite und verankern Sie dabei das rechte Knie auf dem Boden. Die linke Ferse soll auf dem Boden ruhen, die Zehen zeigen nach unten.
3. Gleiten Sie mit der linken Hand über das linke Bein, bis Sie (wenn Ihnen oder Ihrem Kind möglich) den Knöchel erreichen.
4. Neigen Sie den Körper nach links, strecken Sie den rechten Arm bis in die Fingerspitzen, halten Sie ihn nah am rechten Ohr und schauen Sie (wenn möglich) nach oben. Halten Sie diese Pose ein paar Sekunden lang und atmen Sie dabei normal weiter.
5. Kehren Sie in die Ausgangsposition zurück.

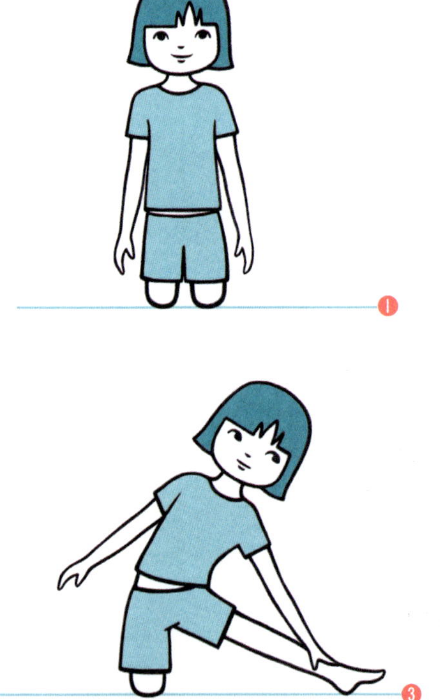

86 KATZE UND KUH Marjaryasana

Diese Übung löst Spannungen im Rücken und im Hals. Zudem trainiert sie den Nacken, die Arme, die Schultern, das Verdauungssystem und die Augen des Kindes.

Katze

1. Setzen Sie sich auf die Fersen und gehen Sie dann auf alle viere.
2. Beim Ausatmen wölben Sie den Rücken wie einen Katzenbuckel nach oben und schauen zu Ihrem Nabel.

Kuh

3. Die Kuhposition können Sie direkt anschließen.
4. Beim Einatmen biegen Sie den Rücken nach unten durch, lassen Sie den Bauch locker und schauen Sie nach oben.
5. Wiederholen Sie beide Positionen jeweils d**reimal.**

87 TIGER *Vyagarasana*

Diese Übung stimuliert die gesamte Wirbelsäule des Kindes. Sie kräftigt die Beine, Arme, Schultern, Hüften und Schenkel. Außerdem lockert sie die Rückenmuskeln und schult den Gleichgewichtssinn.

1. Gehen Sie auf alle viere und achten Sie darauf, dass sich die Hände unter den Schultern und die Knie unter den Hüften befinden.
2. Beim Einatmen beugen und heben Sie das rechte Knie, sodass der Fuß zur Decke zeigt (das ist sozusagen der Schwanz des Tigers).
3. Legen Sie den Kopf nach hinten, um zur Decke zu schauen (oder schauen Sie geradeaus). Halten Sie die Arme gestreckt. Verharren Sie so ein paar Atemzüge lang (mindestens drei).
4. Wiederholen Sie die Übung mit dem anderen Bein.

88 HERABSCHAUENDER HUND

einfach

Adhomukhasvanasana

Diese Übung dehnt die Schultern, Waden und Hände und kräftigt die Arme und Beine. Zudem schult sie den Gleichgewichtssinn des Kindes, wenn Sie sie mit einem Bein in der Luft machen.

1. Gehen Sie auf alle viere.
2. Stützen Sie sich auf beide Hände und heben Sie beim Einatmen das Becken.
3. Die Beine und Arme müssen ganz gerade und gestreckt bleiben, der Kopf befindet sich zwischen den Armen.
4. Versuchen Sie, einen Fuß zu heben und das Bein so weit wie möglich in die Luft zu strecken.
5. Halten Sie die Position ein paar Sekunden lang und atmen Sie dabei normal weiter.
6. Beim Ausatmen kommen Sie wieder in die Ausgangsposition auf alle viere zurück.
7. Wiederholen Sie die Übung dreimal abwechselnd mit jedem Bein.

Kleine Kinder können dabei auch wie Hunde bellen. Helfen Sie ihnen, das Bein nach oben zu strecken, wenn ihnen die Übung sonst zu schwerfällt.

89 HALBER KOPFSTAND

Ardha sirsasana

Diese Übung kräftigt die Schenkel und Fersen des Kindes. Sie fördert die Durchblutung der Augäpfel und des Gehirns und trägt so zur Entwicklung des Gedächtnisses bei. Außerdem verbessert sie das Gleichgewicht des Körpers.

1. Gehen Sie an eine freie Wand. Knien Sie sich vor der Wand hin, beugen Sie sich vor und stützen Sie sich mit gefalteten Händen auf die Ellbogen.
2. Legen Sie den Kopf auf den Boden und schieben Sie ihn in die gefalteten Hände.
3. Heben Sie das Becken zur Decke und strecken Sie die Beine durch.
4. Bewegen Sie die Füße zum Gesicht, sodass der Rücken gerade an der Wand liegt. Schauen Sie in Richtung Ihrer Füße. Halten Sie die Position ein paar Sekunden lang und atmen Sie dabei normal weiter.

Sie können Ihrem Kind zur Unterstützung ein flaches Kissen oder eine gefaltete Decke unter den Kopf legen.

90 KOPFSTAND *Sirsasana*

Der Kopfstand gilt als eine der besten Yoga-Übungen, weil er so wohltuend für den ganzen Körper ist. Er verbessert die Durchblutung des Gehirns und der Augäpfel und entlastet sehr viele Muskeln. Zudem trainiert er das Gleichgewicht des Körpers und hilft dem Kind, die Scheu vor den Umkehrhaltungen zu überwinden.

1. Gehen Sie an eine freie Wand. Knien Sie sich vor der Wand hin, beugen Sie sich vor und stützen Sie sich auf die Ellbogen.
2. Öffnen Sie die Arme, sodass sie parallel zum Körper sind.
3. Legen Sie den Scheitel unten an die Wand.
4. Heben Sie das Becken und strecken Sie die Beine durch.
5. Strecken Sie zunächst einen Fuß nach oben.
6. Dann folgt der zweite. Die Beine liegen gestreckt an der Wand, die Füße sind geschlossen. Halten Sie die Position ein paar Sekunden lang und atmen Sie dabei normal weiter.
7. Kehren Sie in die Ausgangsposition zurück und holen Sie erst den einen und dann den anderen Fuß wieder auf den Boden.

Sie können Ihr Kind unterstützen, indem Sie den ersten Fuß festhalten, während es den zweiten hebt, und ihm dann helfen, das Gleichgewicht zu halten.

91 TISCH *Ardha purvottanasana*

Diese Übung lockert das Becken und die Gelenke des Kindes. Sie kräftigt den Hals und die Arme, Handgelenke, Beine, Schultern und Bauchmuskeln. Außerdem öffnet sie die Schultern und die Brust.

1. Setzen Sie sich mit ausgestreckten, leicht geöffneten Beinen auf den Boden.
2. Legen Sie die Hände auf den Boden neben die Hüften, sodass die Finger in Richtung der Füße zeigen.
3. Ziehen Sie die Knie zum Oberkörper.
4. Beim Einatmen heben Sie den Bauch zur Decke und gehen Sie in die Tischposition. Wenn es Ihnen und Ihrem Kind möglich ist, neigen Sie den Kopf nach hinten. Versuchen Sie, die Pose ein paar Sekunden lang zu halten, und atmen Sie dabei normal weiter.
5. Beim Ausatmen setzen Sie den Po wieder auf dem Boden ab. Machen Sie drei Atemzyklen.

Um die Übung spielerisch zu gestalten, können Sie einen leichten, stabilen Gegentand auf den Bauch des Kindes legen.

92 RAD

Chakrasana

Diese Übung lockert den Rücken, fördert die Biegsamkeit der Wirbelsäule und kräftigt die Arme, die Beine und den unteren Rücken des Kindes.

1. Legen Sie sich auf den Rücken. Winkeln Sie die Knie an, sodass die Füße flach auf dem Boden bleiben, und ziehen Sie die Fersen zum Po. Heben Sie die Arme über den Kopf. Legen Sie die Handflächen hinter den Schultern ab, sodass die Finger zu den Füßen und die Ellbogen nach oben zeigen.

2. Heben Sie den ganzen Körper an, sodass das Gewicht auf Händen und Füßen ruht, und legen Sie dabei vorsichtig den Scheitel auf dem Boden ab.

3. Heben Sie das Becken, so weit wie Sie und Ihr Kind es können, sodass auch der Kopf nicht mehr auf dem Boden liegt. Der Körper bildet nun eine bogenförmige Brücke, nur die Hände und Füße stützen sich noch auf dem Boden ab.

Das Rad ist eine Übung, die Kinder meist gern mögen. Anfangs können die Erwachsenen ihnen helfen, das Becken zu heben und ganz vorsichtig wieder abzusenken. Bei den Jüngsten kann der Scheitel auf dem Boden liegen bleiben.

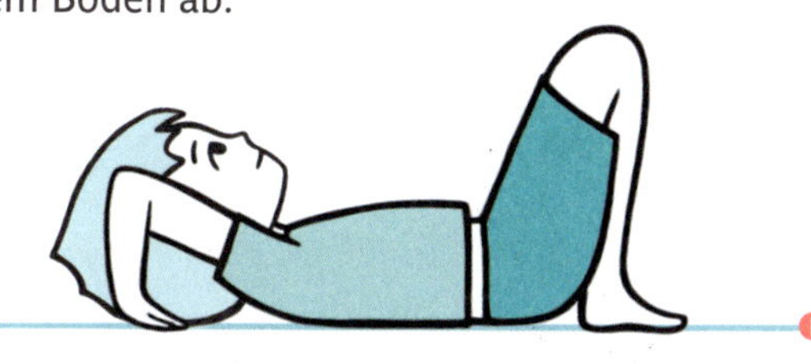

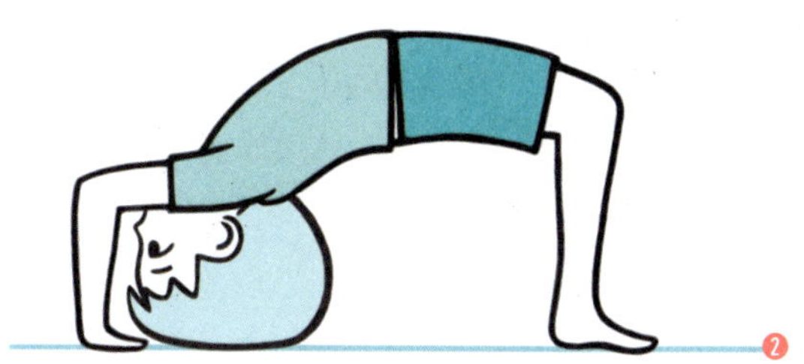

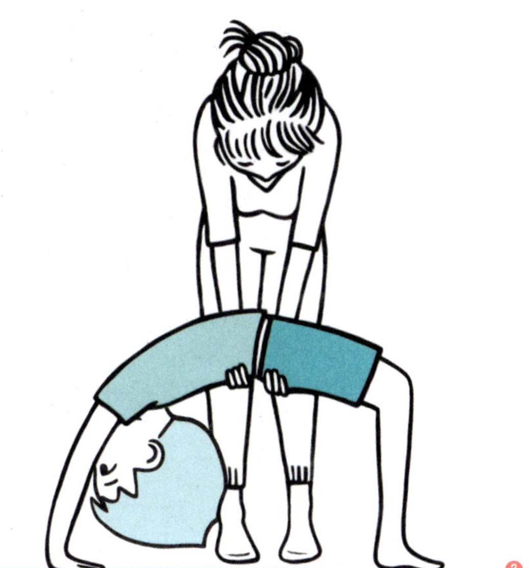

93 AUGEN-YOGA Netra Yoga

Diese Augenbewegungen stimulieren und stärken die Augenmuskeln des Kindes. Das Auge wird entspannt und gut durchblutet, wodurch sich die Sehkraft verbessern kann. Die Übungen helfen auch bei müden Augen.

1. Setzen Sie sich mit geradem Rücken bequem hin.
2. Schauen Sie nach oben und dann wieder geradeaus.
3. Schauen Sie nach unten und dann wieder geradeaus.
4. Schauen Sie nach rechts und dann wieder geradeaus.
5. Schauen Sie nach links und dann wieder geradeaus.
6. Schauen Sie nacheinander nach rechts oben, dann links unten, links oben und schließlich rechts unten.
7. Drehen Sie die Augen langsam in eine Richtung.
8. Dann drehen Sie sie in die andere Richtung. Machen Sie mindestens fünf Drehungen in jede Richtung.

Fordern Sie das Kind auf, jede Position ein paar Sekunden lang zu halten. Sie können ihm mit den Händen oder einem Gegenstand helfen, den Blick auszurichten.

94 GESICHTS-YOGA

Mukha Yoga

Diese Übungen stimulieren die zahlreichen Muskeln des Gesichts. Sie geben der Haut ihre Spannkraft zurück. Kinder können so ihre Gefühle ausdrücken und Stress abbauen.

1. Setzen Sie sich mit geradem Rücken bequem hin.
2. Blasen Sie die Wangen auf wie zwei Ballons.
3. Saugen Sie die Wangen ein und klemmen Sie sie zwischen die Zähne.
4. Lächeln Sie und ziehen Sie die Wangen so weit wie möglich zu den Ohren.
5. Beißen Sie die Zähne zusammen und fletschen Sie sie.
6. Spitzen Sie die Lippen wie zum Kuss und neigen Sie den Kopf nach hinten (als ob Sie den Himmel küssen wollten).
7. Lassen Sie die Zunge im Mund kreisen, schieben Sie sie zwischen die Zähne und von innen in die Wangen, sodass sie gegen die Wangenmuskeln drückt.

Fordern Sie Ihr Kind auf, jeden Gesichtsausdruck mindestens zehn Sekunden lang zu halten. Dazwischen entspannt es das Gesicht, lässt die Muskeln locker und schließt die Augen.

95 GEHIRN-YOGA

Thoppukaranam

Diese Übung, auch »Super Brain Yoga« genannt, unterstützt die Funktionen des Gehirns. Es wird empfohlen, sie jeden Morgen auszuführen, um die Konzentrationsfähigkeit zu verbessern. Manche Schulen lassen die Kinder damit morgens in den Schultag starten.

1. Stellen Sie sich gerade hin.
2. Greifen Sie mit Daumen und Zeigefinger der linken Hand (sodass der Daumen vorn ist) nach dem rechten Ohrläppchen.
3. Greifen Sie mit Daumen und Zeigefinger der rechten Hand nach dem linken Ohrläppchen. Legen Sie die Zunge fest an den Gaumen.
4. Beim Einatmen gehen Sie in die Hocke, setzen sich aber nicht auf den Boden.
5. Beim Ausatmen stehen Sie wieder auf.
6. Gehen Sie mindestens zehnmal in die Hocke und stehen Sie wieder auf, ohne die Ohrläppchen loszulassen oder die Zunge zu lösen.

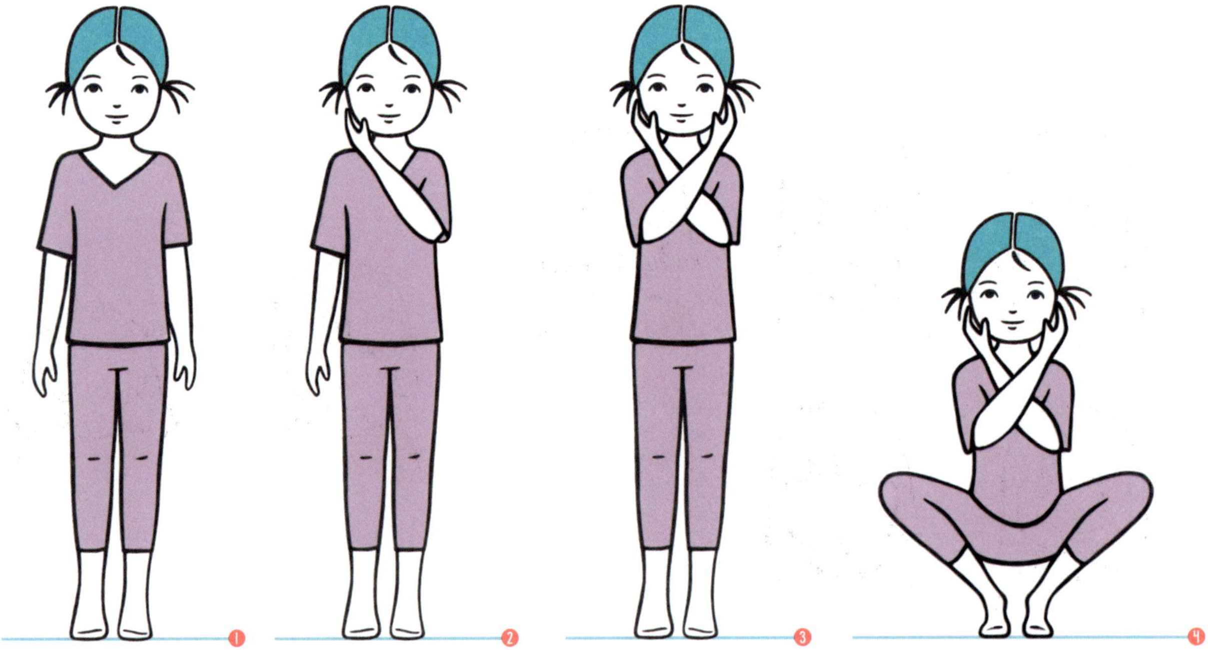

96 BRÜLLEN WIE EIN LÖWE

Simhasana

einfach

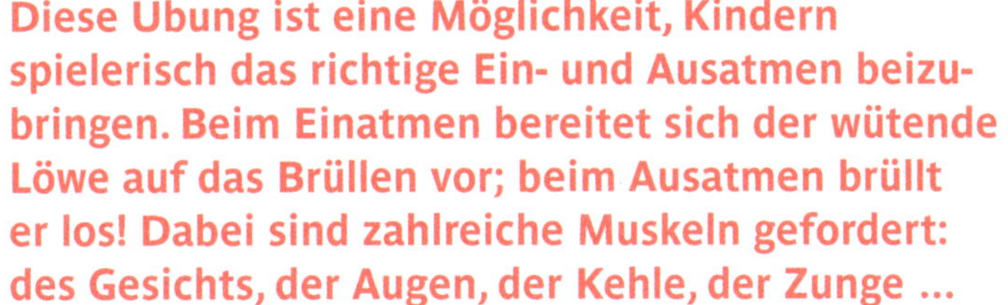

Diese Übung ist eine Möglichkeit, Kindern spielerisch das richtige Ein- und Ausatmen beizubringen. Beim Einatmen bereitet sich der wütende Löwe auf das Brüllen vor; beim Ausatmen brüllt er los! Dabei sind zahlreiche Muskeln gefordert: des Gesichts, der Augen, der Kehle, der Zunge …

1. Knien Sie sich hin und setzen Sie sich auf die Fersen.
2. Legen Sie die Handflächen auf die Knie und halten Sie die Finger gespreizt und gestreckt.
3. Beim Einatmen runden Sie den Rücken und die Schultern.
4. Neigen Sie den Kopf nach unten, um zum Nabel zu schauen.
5. Beim Ausatmen ziehen Sie die Zunge nach unten und heben Sie die Augen zu den Augenbrauen.
6. Stoßen Sie ein ordentliches Gebrüll aus, wie ein richtiger Löwe.
7. Setzen Sie Ihre Gesichtsmuskeln ein, um so furchterregend wie möglich zu wirken.

Die Yoga-Spiele (Übungen 96 bis 100) dienen dazu, den Gleichgewichtssinn und die Konzentrationsfähigkeit zu verbessern. Sie helfen dem Kind, den eigenen Körper mit all seinen Möglichkeiten wahrzunehmen, und motivieren es, Yoga zu praktizieren. Durch die Spiele mit Lauten können Kinder Stress abbauen und sich entspannen. Sie können die Übungen zu jeder Tageszeit und unter verschiedensten Bedingungen ausführen, auch mit einer Gruppe von Kindern.

97 SPIEL MIT DEM ATEM

Bei diesem Spiel lernt das Kind, seine Atemzüge zu kontrollieren und langsam und tief zu atmen.

1. Knien Sie sich hin und setzen Sie sich auf die Fersen. Knüllen Sie ein Papiertaschentuch zusammen und legen Sie es vor sich. Pusten Sie leicht auf das Taschentuch, um es vorwärtszubewegen.

2. Legen Sie sich auf den Rücken. Legen Sie ein aufgefaltetes Papiertaschentuch auf Ihren Mund. Pusten Sie, um es so hoch wie möglich über Ihrem Gesicht schweben zu lassen.

Um das Spiel schwieriger zu machen, geben Sie Ihrem Kind Grenzen oder Ziele vor und ersetzen Sie mehrere kurze Atemzüge durch wenige lange. Sie können das Ganze auch als kleinen Wettbewerb gestalten.

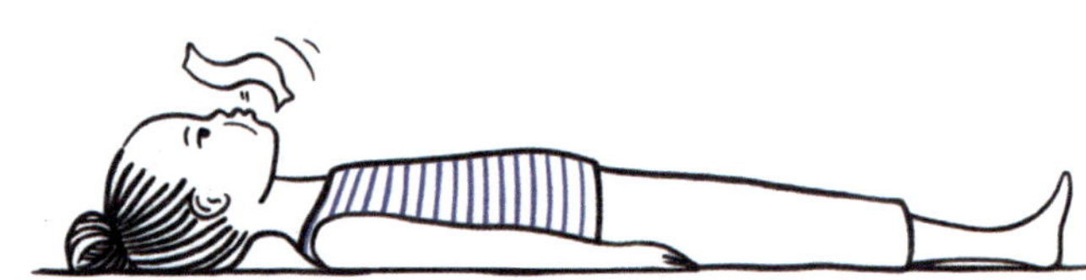

98 SPIEL MIT LAUTEN

Bei dieser Übung werden die Muskeln im Gesicht und in der Kehle sowie die Atmungsorgane des Kindes stimuliert.

1. Setzen Sie sich bequem in eine der drei folgenden Yoga-Positionen: Schneidersitz (S. 18), Fersensitz (S.17), Lotus bzw. halber Lotus (S. 19).

2. Atmen Sie tief ein und geben Sie dann beim langsamen Ausatmen einen langgezogenen Laut von sich, ganz leise, wie bei einer entspannenden Meditation. Sie können sich einen aus den folgenden Lauten aussuchen:
»Eeeeeeeeeeeeeeeeeeee«,
»Mmmmmmmmmmmm«,
»Oooooooooooooooooo«,
»Aaaaaaaaaaaaaaaaaaaa«
(beim Laut A öffnen Sie den Mund ganz weit).

Je nach gewähltem Laut atmet das Kind entweder durch den Mund oder durch die Nase aus. Sie können auch dieses Spiel als Wettbewerb zwischen sich und Ihrem Kind oder unter mehreren Kindern gestalten und zählen, wie viele Sekunden jeder schafft. Sie sollten jedoch stets darauf achten, dass die Kinder nicht hyperventilieren.

99 GLEICHGEWICHTSSPIEL

Diese Übung schult spielerisch sowohl Gleichgewichtssinn als auch Konzentration und trainiert die Beinmuskeln. Im Allgemeinen mögen Kinder dieses Spiel, weil sie gern beweisen, wie lange sie durchhalten können!

1. Sie stehen in einer der folgenden Yoga-Positionen: Tänzerin (S. 45), Baum (S. 46), Krieger III (S. 47), Drachen (S. 48) oder eine der anderen Haltungen auf einem Bein.

2. Versuchen Sie, sich so lange wie möglich auf einem Bein zu halten.

Dieses Spiel eignet sich auch als Wettbewerb zwischen zwei oder mehr Kindern oder zwischen Ihnen und Ihrem Kind, wenn Sie stoppen, wie lange jeder durchhält.

100 KONZENTRATIONS- UND REFLEXSPIEL

Diese Übung trainiert die Konzentration und die Reflexe des Kindes auf spielerische Weise. Sie hilft dem Kind auch dabei, sich die Figuren leichter zu merken.

1. Für dieses Spiel eignet sich jede beliebige einfache Position (stehend, sitzend oder liegend). Verbinden Sie zwei ähnliche Figuren, zum Beispiel: Krokodil (S. 85) und Kobra (S. 83), Katze (S. 97) und herabschauender Hund (S. 99), Krokodil (S. 85) und umgedrehtes Boot (S. 82) oder Heuschrecke (S. 81) und Kobra (S. 83).

2. Um die Konzentration zu trainieren, wiederholen Sie dieselbe Position mehrmals hintereinander: Kobra, Hund, Kobra, Hund, Kobra, Hund, Kobra, Hund, Kobra, Hund, Hund, Kobra, Kobra ... Mit den Jüngsten können Sie auch nur die jeweilige Bewegung der Arme, Beine und Augen in die eine und dann in die andere Richtung wiederholen.

Krokodil

Kobra

Hund

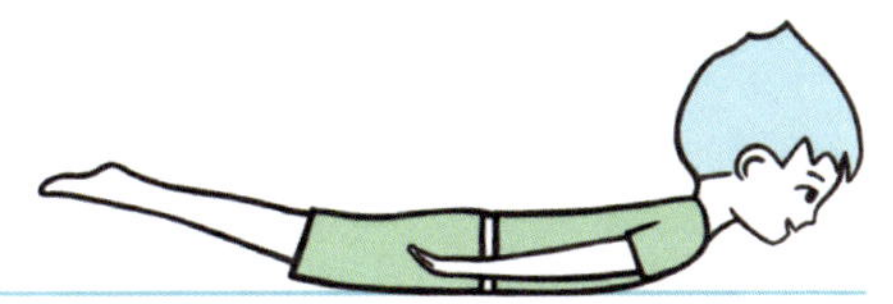

Heuschrecke

Katze

Kobra

Lizenzausgabe mit freundlicher Genehmigung
Titel der französischen Originalausgabe:
100 activités yoga

Penguin Random House Verlagsgruppe FSC® N001967

Die Deutsche Nationalbibliothek verzeichnet diese Publikation in der Deutschen Nationalbibliographie; detaillierte bibliographische Daten sind im Internet unter http://dnb.d-nb.de abrufbar.

einem Unternehmen der Penguin Random House Verlagsgruppe GmbH,
Neumarkter Straße 28, 81673 München

Umschlaggestaltung: dyadesign, Düsseldorf, www.dya.de unter
Verwendung von Motiven des Originalumschlags
Satz und Layout: Achim Münster, Overath
Druck und Bindung: Alföldi Nyomda Zrt., Debrecen
Printed in Hungary
ISBN 978-3-7306-0965-1

www.anacondaverlag.de